EL DESPIADADO MUNDO LABORAL

Consejos para entenderlo y acertar en el trabajo

Enrique Gallud Jardiel

EL DESPIADADO MUNDO LABORAL

Consejos para entenderlo
y acertar en el trabajo

Copyright © 2019 Enrique Gallud Jardiel
Todos los derechos reservados.

ÍNDICE

El discurso del ascensor   11
Eficacia en la oficina   15
Manejando al jefe   19
El desastre llama a nuestra puerta   23
Oficios en peligro de extinción   27
El oficio de traductor   31
Queremos los empleos de la tele   35
Los empleos que nos avergüenzan   39
¿Buscas trabajo? no cometas estos errores   43
Las jefas son mejores   47
El carnet de manipulador de alimentos   49
Recursos eficaces en la búsqueda de empleo   53
¿Qué se considera accidente de trabajo?   57
La carta de acompañamiento al CV   61
Claves para valorar un empleo   65
Sexo en la oficina   69
Negociando nuestro sueldo   73
Qué buscan en ti tus jefes   77
Cómo enfrentarse al estrés laboral   81
La cuenta atrás para el gran día   85
El *cibercurriculum*   89

Qué nombre poner a tu empresa	93
Cómo encajar un rechazo laboral	97
Cómo malograr una entrevista de trabajo	101
Impresiona en tu nuevo empleo	105
Un empleo para sobrevivir	109
Cómo quedarte tú	113
Dimitir con elegancia	117
Anglicismos en el trabajo	121
Cómo decorar tu establecimiento	125
¿Valemos para lo que hacemos?	129
Adictos al trabajo	133
Ruido en el trabajo	137
Técnicas para convencer	141
Lúcete en una entrevista	145
¿Qué es un autónomo	149
Reuniones eficaces	153
Cuánto se gastan en nosotros	157
Higiene laboral	161
Trabajadores de edad avanzada	165
El síndrome del despedido	169
Comidas de negocios	173
Amigo del jefe	177
Vestido para matar	181

El mejor de los temporales	185
Trabaja y ríe	189
Inflando el cargo	193
Defiéndete de los aduladores	197
Adquiere nuevas habilidades	201
Que no te roben las ideas	205
Buscando talentos	209
Estereotipos de sexo en el trabajo	213
Si te entrevistan, pregunta tú también	217
¿Tienes buenas referencias?	221
Cuándo dejar tu empleo	225

EL DISCURSO DEL ASCENSOR

Una manera directa y rotunda de aprovechar toda oportunidad de mejora laboral

¿Qué se entiende por discurso del ascensor? Pues aquel que podría pronunciarse en el brevísimo tiempo que pasamos en él. La idea básica es que si trabajas en una empresa grande, tarde o temprano coincidirás en el ascensor con un superior que puede hacer algo por ti... si quiere hacerlo y si te conoce. Debes presentarte y aprovechar los segundos. La cortesía elemental le llevará a escucharte y ¿quién sabe?, quizá le convenzas de la conveniencia de que se fije más en ti.

El concepto es, obviamente, mucho más amplio y no se reduce a este curioso ámbito. Es muy frecuente coincidir en multitud de lugares y momentos con gente que nos puede ayudar y no se deben desaprovechar las oportunidades. Incluso en encuentros más formales es muy posible que nadie tenga tiempo de escuchar un discurso largo y divagatorio.

La experiencia certifica la utilidad de tener preparada en la mente una exposición de quiénes somos, a qué aspiramos, qué puede hacer por nosotros concretamente nuestro interlocutor y por qué le conviene hacerlo. Así es que hemos de prepararlo, perfeccionarlo, memorizarlo y no dudar en emplearlo siempre que surja la ocasión. Esta modalidad de presentación sirve igualmente para buscar una promoción o mejora, para conseguir una venta o bien simplemente para que nos recuerden y consideren.

Fórmulas

Hay variedad de ellas. Pero en esencia se reducen a unos puntos básicos:

1.- Quién soy.

2.- A qué me dedico.

3.- En qué puesto trabajo.

4.- Qué me hace diferente de los demás.

5.- Qué beneficios pueden obtener de mí los que me contraten o apoyen.

Reacción

La pregunta que se forma en la mente del que nos escucha es «¿Por qué debo interesarme por su caso en concreto?» El discurso debe incluir la respuesta a esta cuestión. Pueden mencionarse los problemas a los que el oyente se enfrenta y nuestras sugerencias para solucionarlos (solamente una pista de cómo lo haríamos, no la solución definitiva). Conviene mencionar los beneficios que obtendría en caso de acceder a lo que le sugerimos (aunque no deben repetirse conceptos). Podemos dar ejemplos como pruebas de nuestra capacidad. Es bueno incluir algún aspecto intrigante que lleve al interlocutor a hacer preguntas y a seguir interesado en la conversación. Finalmente, debe cerrarse solicitando una cita futura para profundizar en el tema o sugerencia de qué debe hacer el que escucha como consecuencia de lo que ha escuchado.

Consejos

Nuestro discurso debe ser preciso, correcto y elegante. Hemos de conocerlo a la perfección para no dudar al pronunciarlo. Al mismo tiempo, no debe parecer un discurso preparado, sino una exposición improvisada, por lo que conviene que suene natural, como si hablásemos espontáneamente y sin esfuerzo. Debe parecer sincero y mostrar nuestra personalidad. Hemos de sonreír y hablar despacio, manteniendo siempre el contacto visual.

EFICACIA EN LA OFICINA

¿Quién no ha soñado con un genio de la lámpara que esté a nuestras órdenes y trabaje por nosotros? Pero para rendir más con menos esfuerzo no hay fórmulas mágicas. Además, el mundo laboral nos exige cada día más en rendimiento y calidad, por lo que no sólo tenemos que realizar nuestros cometidos sino que lo hemos de hacer muy eficazmente. He aquí algunas buenas prácticas que nos pueden ayudar.

Planificación

Está comprobado que un plan diario mejora el rendimiento. Tendemos a hacer lo que nos es más agradable o más fácil, lo que no siempre es lo mejor. Conviene tener una lista de las actividades y asignarles importancia y prioridad, así como indicar la fecha en que debían estar acabadas. A medida que las vayamos completando, debemos tacharlas de la lista, pero no borrarlas por completo, para poder saber luego lo que hicimos y cuándo. Empecemos por las tareas más urgentes e importantes y acostumbrémonos a que nuestro estado de ánimo o preferencias no nos impulsen a trabajar en algo accesorio.

Teléfono

No se puede vivir pendiente de quién te va a llamar, por lo que conviene dar el número fijo de la oficina. Siempre hay que otorgar prioridad a la persona que tiene una cita o a la que estamos atendiendo que a cualquier llamada entrante. Las llamadas que hemos de hacer debemos realizarlas en los periodos entre tareas. Tampoco es conveniente telefonear inmediatamente cuando tenemos que preguntar algo. Si no es urgente es mejor apuntarlo, evitando llamar varias veces a la misma persona. Por supuesto, debemos apagar el móvil en reuniones, mientras hacemos cuentas o alguna otra actividad que precise gran concentración, etc.

Correo electrónico

Si estamos recibiendo constantemente mensajes, nuestra capacidad de trabajo se reduce considerablemente. Así que no conviene tener avisadores de llegada de correos. Muchos mensajes nos los mandarán a primera hora de la mañana o última de la tarde, por lo que no compensa abrir el correo nada más llegar al trabajo: recibiremos otros varios en las primeras dos horas y tendremos que abrirlo de nuevo. Esperemos un tiempo antes de hacerlo. Lo mismo se aplica a la última hora de oficina. No leamos mensajes antes de las reuniones: nos desconcentrarán y puede que nos hagan llegar tarde.

Reuniones

Hay que evitarlas, siempre que no sea imprescindible. Muchas de ellas sólo sirven para compartir información que podría difundirse por otro medio. Han de tener un programa, para que los asistentes sepan de qué se va a tratar y lleven la información o los documentos que puedan necesitarse. De otra manera acaban en pérdida de tiempo. Precisan de un moderador que evite que la conversación se desvíe de los temas principales Recordemos que el objetivo de las reuniones no es hablar de asuntos, sino tomar decisiones.

MANEJANDO AL JEFE

Consejos para el trato con superiores difíciles

¿Quién no los tiene o ha tenido? Y si has sido afortunado hasta el momento, nadie te asegura que el futuro te deparará lo mismo. Hay quien piensa que los jefes son una especie aparte. Si compartes esta opinión no te vendrá mal estudiarlos y saber cómo relacionarte con ellos, para evitarte dificultades.

Uniformidad en la manera de hacer

Imita a tu jefe en su forma de actuar. Si trabajas como él, es más probable que confíe en ti y te haga la vida más fácil.

Actitud general

No te pongas a la defensiva si te amonesta por cualquier cosa. Si reconoces tu fallo le desarmarás y evitarás que pueda guardar animosidad contra ti. Por el contrario, si intentas defender a ultranza tu inocencia, él se empeñará en demostrar que tiene razón y te verá como un enemigo.

Tono afirmativo

Haz tus sugerencias en positivo. "Creo que estaría bien hacer esto" es una fórmula que no ofende y con la que es fácil estar de acuerdo. Si preguntas "¿No le parece que es esto lo que tenemos que hacer?" es común que el jefe rechace la propuesta para indicarte que es él quien decide.

Rectificaciones

A los que mandan no les gusta que les digan que se equivocan. Pero no siempre se puede mantener la boca cerrada. ¿Qué hacer si tu jefe comete un error y es necesario indicárselo? Plantéale una pregunta indirecta que le haga darse cuenta del error sin que tú se lo digas. "¿Qué pasará dentro de un tiempo, cuando suceda tal cosa o se presenta tal situación?" Así, la corrección no parece ofensiva.

No fuerces las conversaciones

Si haces que hable contigo de lo que no quiere, siempre saldrás perjudicado. Si le insistes para que tome una decisión sobre cualquier cosa, lo hará al azar para no tener que volver a oírte. Si te contesta con evasivas, es obvio que hay un problema, pero no lo solucionarás insistiendo en ese momento.

No le ignores

Aunque su intervención no sea esencial en un asunto, es un grave error saltarse al jefe y decidir algo sin contar con su opinión, para ahorrar tiempo o esfuerzo. Lo personal afectará a lo profesional y crearás más problemas y retrasos de los que resuelvas.

Elogios

La vanidad es uno de los resortes más importantes del ser humano, pero la adulación no surte tan buenos efectos como imaginamos. Alabar al jefe no siempre es sabio, pues muchas personas desprecian a la gente servil. Cuando hables con él, intenta evitar los adjetivos y los adverbios laudatorios. Cíñete a los datos y a los hechos. En lugar de "Su idea era estupenda", es más sensato decir "Su idea ha resultado eficaz".

EL DESASTRE LLAMA A NUESTRA PUERTA

Tarde o temprano, en nuestro negocio o profesión nos veremos en un aprieto. Preparémonos.

"Hombre prevenido vale por dos", dice el refrán. Esto es doblemente verdad para un profesional que subsiste con su trabajo diario. Pero ¿y si los elementos externos lo dificultan? La Ley de Murphy ("Todo lo que puede empeorar, empeorará") no es sólo una broma.

Cuando estalle la crisis, probablemente no tendremos mucho tiempo para reaccionar. Por eso debemos hallar tiempo antes de que el problema surja. Hemos de contar con las eventualidades y tener un plan "B" para solucionarlas sobre la marcha, sin interrumpir nuestra actividad. En algunas ocasiones precisaremos invertir dinero. En otras, bastará con pensar de antemano.

Fallos técnicos

Si trabajamos con un ordenador, un día u otro se estropeará. Es inevitable. Si nuestro negocio depende de él, precisaremos de varios equipos o, si no nos los podemos permitir, mantengamos la información necesaria en otro soporte que podamos consultar. Si usamos el coche como instrumento de trabajo, pensemos en el día en que no arranque. ¿Qué amigo nos dejará el suyo durante un tiempo?

Suministros

Hemos de estar preparados para almacenar materias primas y repuestos que podamos necesitar. Nuestros proveedores pueden tener problemas y no hacer sus entregas a tiempo.

Información

Tengamos siempre a mano la manera de contactar con otras personas que nos puedan ayudar. Mantengamos una lista de posibles substitutos de los que echar mano en un caso de apuro. A veces "la competencia" puede sacarnos de un apuro, si el trabajo nos abruma. No nos importe: esta situación probablemente se revertirá en ocasiones futuras.

Instrumentos

Los objetos se pierden y deterioran. Si nos dedicamos a una profesión mecánica o de montaje, habremos de plantearnos tener dos juegos de herramientas.

Materiales peligrosos

Si en nuestro oficio empleamos productos químicos, asegurémonos de tener medicamentos para combatir posibles intoxicaciones, etc. Si las herramientas pueden provocar heridas, necesitaremos también un botiquín bien provisto y portátil, si es que trabajamos a domicilio.

Daños materiales y catástrofes

Son raros, pero demoledores. Ya no se trata sólo de un incendio. Una tormenta, una fuga en una tubería de agua, una pequeña inundación pueden detener nuestra vida laboral si nuestra oficina o taller se encuentra en una planta baja.

Movilidad

Si nuestro trabajo requiere desplazamientos, debemos conocer a la perfección las rutas alternativas, para no depender de los caprichos del tráfico.

Coordinación

Si trabajamos con más gente (empleados, compañeros) es conveniente en estar de acuerdo en cómo enfrentarse a un problema. Tengámoslo decidido.

Temporadas altas

Si tenemos empleados, contemos con los meses en que las gripes, por ejemplo, causan más bajas.

Planifiquemos nuestro trabajo en función de lo que realmente podamos hacer.

OFICIOS EN PELIGRO DE EXTINCIÓN

¿Te has parado a pensar si tu trabajo seguirá existiendo dentro de algunos años? El mundo cambia demasiado deprisa. La técnica avanza y puede dejar anticuado cualquier aparato de un día para otro. Ya casi no se fabrican contestadores automáticos para el teléfono. Lo mismo sucede con trabajos y ocupaciones.

Siempre han desaparecido oficios. Pero antes sucedía más lentamente y daba tiempo a hacerse a la idea y reciclarse. Se trababa, sobre todo, de oficios manuales. Hoy el progreso científico y los cambios sociales nos pueden pillar desprevenidos en cualquier ámbito.

Artesanías y oficios manuales

El fin de estos oficios es más previsible, cuando las máquinas lo hacen mejor y con más rapidez: alfarero, tonelero, cubero, cerrajero, fundidor, grabador, tallista, guarnicionero. La mayor parte de estas ocupaciones sólo perdurarán simbólicamente.

Usar y tirar

El abaratamiento de los precios reduce las reparaciones de muchos artículos. Así desaparecen oficios como el de zapatero remendón, el de afilador, el de costurero o colchonero. Cada vez es más difícil encontrar quien te arregle un equipo de sonido o un pequeño electrodoméstico, porque, si se nos rompe, sale más barato comprar uno nuevo.

La red

Aseguran los expertos que en las próximas décadas aumentarán exponencialmente algunas variedades de compras por Internet. La ropa la seguiremos adquiriendo en tiendas, pero no así los libros o las películas. A los empleados en videoclubs les quedan muy pocas nóminas de vida laboral.

La enseñanza

La educación a distancia y las clases impartidas a través de la red, que ya se anuncian como próximas, conducirán a la sustitución de la clase magistral por una consulta del alumno a un tutor o guía. El concepto tradicional de profesor cambiará.

Desapariciones parciales

Algunas profesiones no desaparecerán por entero. Seguirá habiendo fotógrafos de moda y paisaje, que trabajarán para publicaciones varias. Pero los fotógrafos de bodas, bautizos y comuniones se quedarán sin clientes, por la calidad y sencillez de manejo de las nuevas generaciones de cámaras.

Remedios

Algunas instituciones tratan de paliar este efecto, pero sus intentos no dejan de ser un parche. La Junta de Andalucía aprobó un proyecto de Recuperación del Conocimiento Artesano. Esto es loable, pero en ocasiones sólo un intento de subvencionar la producción de algo que nadie quiere comprar.

El pasado

Unos oficios nos gustan más que otros y cuando desaparecen nos causan nostalgia. La desaparición del oficio de verdugo puede ser recibida con júbilo, pero a todos nos entristece que ya no haya fareros, organilleros o pregoneros, porque quizá nos recuerdan un modo de vida que añoramos.

El futuro

La microespecialización es la tendencia de nuestra época. No deberemos extrañarnos si en el futuro los aprendizajes y titulaciones se reducen más aún y nos topamos, por ejemplo, con un anuncio en el periódico solicitando un cocinero especializado en arroces.

EL OFICIO DE TRADUCTOR

¿Sabes algún idioma y quieres rentabilizarlo? ¿Puedes?

Ser Licenciado en Traducción obviamente ayuda, pero no es imprescindible. Un buen conocimiento de otra lengua y un buen nivel cultural son suficientes para dedicarse a esta actividad. Existen también cursillos especializados, en donde se imparten los conocimientos técnicos y bibliográficos necesarios.

Lo que necesitas

Recuerda que en la actualidad el oficio de traductor no se concibe sin el dominio de las nuevas tecnologías. Se te exigirá que presentes tu trabajo en los programas y formatos más modernos y sofisticados, siempre en soporte informático. El papel pasó a la historia. Internet te da acceso a todo tipo de diccionarios técnicos y especializados, así es que no se precisa de una especial inversión inicial.

¿Qué tipo de traducción?

Generalmente pensamos en la traducción literaria. Pero ésta es una pequeña fracción y sólo de ella es difícil vivir. La mayor parte consiste en documentos técnicos, informes, guías, catálogos o manuales. Se considera muy conveniente especializarse, teniendo en cuenta la formación que se tenga.

El mercado

La demanda está obviamente en función de la lengua que conozcas. Pero, en general, es una actividad que va en aumento debido a la globalización y que tiene muchas y variadas salidas.

¿Cómo empezar?

Una impecable carta de presentación para editoriales o empresas siempre ayuda. Por supuesto, hay que acreditar el conocimiento de la lengua extranjera. Pero nadie creerá que conoces bien otra lengua si no dominas a la perfección la propia. Tu posible contratador intentará evitar al máximo tener que hacer correcciones o revisar tus textos traducidos. No es mala idea ofrecer tus servicios en las embajadas de los países de la lengua que domines. Generalmente publican muchos folletos y traducciones de sus libros.

El trabajo en equipo

Las empresas lo prefieren, pues aminora los riesgos de error. Si puedes traducir conjuntamente, hay más posibilidades de que te lleguen los encargos. Un equipo de traducción con colegas de otras especialidades puede aceptar trabajos de más variedad y envergadura.

QUEREMOS LOS EMPLEOS DE LA TELE

El influjo de los medios determina gran parte de nuestra vida.

Las series televisivas son nuestro modelo profesional.

De niños todos queremos ser el héroe que vemos en la pantalla. Pedimos a los Reyes Magos un traje de Superman y jugamos a que somos el detective más listo o el "poli" más valiente. El asunto se complica cuando esta tendencia continúa en un momento crucial de nuestra vida: cuando elegimos profesión.

Sólo un 10% de los jóvenes sabe lo que quiere y muestra una vocación clara. Los demás se dejan influir por su familia o la sociedad.

Investigadores y educadores han percibido el influjo de las series al elegir carrera. Sin embargo, hasta el año 2004 no se realizó ningún estudio estadístico serio. Éste se efectuó en la Universidad de Lovaina, en Bélgica.

Una encuesta a 350 alumnos demostró que los profesionales de las series eran un modelo decisivo para los jóvenes, más importantes a veces que padres o amigos.

De décadas anteriores sólo nos quedan testimonios aislados, como el de la primera astronauta negra, Mae Jemison, quien afirmó en 1992 que su modelo profesional había sido la teniente Uhura, de "Star Trek".

Esto sigue sucediendo. Los artistas, policías y miembros de profesiones liberales son los protagonistas más apreciados. La serie "Periodistas" fue determinante en la elección de carrera de muchos.

El lado humano

Tienen especial atractivo las profesiones que presentan los aspecto sensibles de la persona: enfermeras y médicos preocupados por sus pacientes. "Urgencias", "House" o "Anatomía de Grey" son responsables de muchas matriculaciones en estas especialidades.

Tendencia a la ciencia

En la actualidad es mayor el influjo de las series científicas. «CSI» es un buen ejemplo. En la ficción de misterio, la ciencia forense ha pasado de un discreto segundo plano a un claro protagonismo. Su resultado es un mayor interés en la criminalística. Como consecuencia, la oferta de cursos de esta ciencia va en rápido aumento.

La televisión nos descubre opciones que desconoceríamos. Muy pocos jóvenes crecen con la "vocación" de ser neurocirujanos.

No te creas lo que ves

Infórmate bien sobre el ejercicio de tu actividad preferida. Habla con profesionales en activo o lee sobre ellos, pero no te fíes de lo que aparece en las series.

Las malas lenguas

No faltan quienes aseguran que determinados sectores económicos financian series con un argumento concreto para promocionar profesiones o actividades sin mucha demanda. Éste es un tema interesante y polémico.

Tras estos datos, sólo cabe preguntarse: ¿Qué próxima serie cambiará nuestra sociedad?

LOS EMPLEOS QUE NOS AVERGÜENZAN

Todos queremos parecer más importantes de lo que somos.

Pretendemos ocultar la realidad bajo eufemismos y palabras rimbombantes

Nos preocupa mucho nuestra imagen. Necesitamos que se nos considere. Esto es un fenómeno propio de la sociedad moderna. Queremos aumentar como sea nuestro prestigio profesional y lo hacemos llamando a nuestra ocupación con un nombre que la realza.

Aunque este fenómeno cultural se nota especialmente en el ámbito de la economía y la informática, se está dando cada vez más en otros sectores laborales. Es un esnobismo del que pocos nos libramos.

Profesiones con mala prensa

Es lógico querer dignificar aquellos trabajos que han estado mal considerados socialmente. Por ello se habla de acompañantes (prostitutas), funcionarios de prisiones (carceleros), agentes sanitarios (barrenderos), procesadores de residuos urbanos (basureros), intermediarios financieros (prestamistas) o verificadores fiscales (inspectores de Hacienda).

Extranjerismos

Las palabras de otras lenguas siempre nos han parecido más elegantes. Por eso empleamos *chef* (cocinero), *manager* (gerente, representante, apoderado) o *barman* (camarero).

La técnica

Ésta es como una palabra mágica que dota de prestigio a quien la tiene. Hallamos técnicos de mantenimiento (mecánicos), técnicos de parques y jardines (jardineros), técnicos en combustible vegetales (leñadores), técnicos en manipulación de alimentos (cocineros) y A.T.S o auxiliares técnicos sanitarios (enfermeros), que pueden ser también auxiliares técnicos sanitarios de transportes (camilleros).

Subida de nivel

Un procedimiento usual es subir artificialmente el rango. Cobras el mismo sueldo, pero parece que tienes más mando. Así hay supervisoras de productos en preventa (cajeras), empleadas del hogar (criadas), empleados de finca urbana (porteros) y tripulantes de cabina o ayudantes de vuelo (azafatas).

Cultismos

Si la palabra tiene una raíz culta, el oficio se considera más digno. Existen podólogos (callistas), estilistas (peluqueros), pedagogos (maestros), odontólogos (dentistas) y proxenetas (alcahuetes).

Otros ejemplos curiosos en los que se abandona la palabra tradicional: comerciales (vendedores), administrativos (secretarios), efectivos (soldados), comunicadores (locutores), informadores (periodistas), constructores (albañiles), adjuntos o becarios (aprendices), operarios (obreros), transportistas (camioneros), ebanistas (carpinteros), agentes del orden (policías), carteros comerciales (repartidores de propaganda), etc.

Estas modas y nuestro afán de presumir nos hacen olvidar que lo importante es ser buenos en lo que hacemos y que no hay trabajos indignos si sirven a la colectividad.

¿BUSCAS TRABAJO? NO COMETAS ESTOS ERRORES

Actitudes que te perjudicarán en la búsqueda de un nuevo empleo.

No dejes que sea el empleo el que te busque a ti. Las ocasiones no "surgen", sino que se provocan.

Recomendaciones

Busca tú el trabajo; no confíes demasiado en los demás. Aunque las intenciones de amigos y familiares sean buenas, tu situación laboral no es una prioridad para nadie, por muy allegado que sea.

Cuando hables con conocidos, no les pidas un empleo. Explícales tu descontento con tu situación y pídeles consejo, ideas o referencias. Ellos entenderán. A nadie le gusta que le soliciten trabajo directamente, pues tener que negarlo es desagradable.

No insistas

Nadie te dará un empleo sólo porque le llames a diario. Por el contrario, te considerarán una persona que se convertirá en una carga constante cuando tenga que lograr ascensos o subidas de sueldo.

Conoce tu potencial

Valora adecuadamente tus capacidades. Sé preciso: no intentes deslumbrar a nadie exagerando tu valía o hinchando tu currículo. Tus contratadores tienen experiencia en detectar tales engaños.

Consulta a personas que estén ya en el tipo de puesto al que aspiras

Ellos te podrán detallar las particularidades del cargo, los requisitos y qué es lo que una empresa puede querer de ti.

Sé humilde

No rechaces puestos por considerarlos inferiores a tus méritos. Si de verdad vales, ya tendrás ocasión de demostrarlo y prosperar.

No reacciones mal ante las negativas

Actúa como si tuvieses otras opciones. De lo contrario, sólo verán en ti desesperación.

Las entrevistas de trabajo

Prepara y ensaya tus entrevistas, aunque el puesto no sea el que más desees lograr, ya que tus competidores lo harán. Siempre te quedará la opción de rechazarlo después.

Si te presentas una entrevista de trabajo enfadado con tu anterior empresa, transmitirás una emoción negativa que tus nuevos jefes potenciales asociarán con una personalidad problemática.

Controla tus movimientos y tu cuerpo, mediante las técnicas que domines. Intenta evitar todos los signos aparentes de angustia.

LAS JEFAS SON MEJORES

¿Prefieres tener como superior a un hombre o a una mujer?

Con la inserción creciente de la mujer en la vida laboral durante las últimas décadas se plantea la cuestión de si ellas están más o menos capacitadas para el mando y el liderazgo.

Aunque en este tema no se puede generalizar, sí hay unas tendencias y opiniones claras en nuestra sociedad.

Las encuestas revelan que, aunque a muchos hombres les da igual, siempre y cuando sus jefes o jefas les traten bien, en general prefieren a las mujeres. Quienes más critican a las jefas son las mujeres mismas.

La ley del péndulo

Muchos dicen que, tras años de supeditación y de tener empleos inferiores, cuando las mujeres llegan a posiciones de poder, son más inaguantables que los hombres. Se las acusa también de inestabilidad y de ser más propensas a los cambios de humor.

Actitudes machistas

La inercia social y la costumbre de que los jefes sean varones llevan a que las mujeres lo tengan más difícil a la hora de conseguir el respeto y la obediencia de sus subordinados. En este punto ambos sexos están de acuerdo: una mujer tiene que demostrar más y de forma más continuada para mantenerse en la cumbre.

La aceptación de la mujer no es uniforme en todas las profesiones. En algunas (aquellas en las que interviene la fuerza o la habilidad física) se acepta peor el liderazgo femenino.

El dato objetivo es que la proporción de mujeres en puestos de mando es estadísticamente muy inferior a lo que debería ser en buena lógica, considerando el número de mujeres trabajadoras y su capacitación. Esta escasez de ascensos es signo obvio de que la discriminación continúa.

Un gradual cambio de actitud

Pese al prejuicio en contra, la mayoría de los hombres que trabajan a las órdenes de una mujer afirman no estar en absoluto descontentos. Aunque hay opiniones para todos los gustos, la balanza se inclina a favor de las féminas. Se les reconoce mayor habilidad para asignar tareas y distribuir el trabajo.

EL CARNET DE MANIPULADOR DE ALIMENTOS

Manipuladores de alimentos son «todas aquellas personas que, por su actividad laboral, tienen contacto directo con los alimentos durante la preparación, fabricación, transformación, elaboración, envasado, almacenamiento, transporte, distribución, venta, suministro y servicio». Por ello sus nociones de las medidas de higiene y cuidados en la elaboración y almacenamiento son esenciales para nuestra salud.

Un Real Decreto (202/2000, de 11 de febrero) dispone que las empresas del sector alimentario garanticen que los trabajadores que entran en contacto con los alimentos estén adecuadamente formados, lo que se lleva a cabo mediante un curso de Higiene Alimentaria.

Quién imparte los cursos.

Los programas de formación los puede impartir la propia empresa. Si la empresa no ofrece los cursos, el trabajador se puede dirigir a cualquier entidad autorizada por las autoridades sanitarias. Cada comunidad autónoma dispone de una relación de las entidades dedicadas a la formación de manipuladores, que puede obtenerse en la páginas de las Consejerías de Sanidad correspondientes. Ellas son quienes otorgan el Certificado de Manipulador de Alimentos. Además, gran cantidad de Centros y Escuelas de Formación Profesional ofrecen estos cursillos, válidos para todo el territorio nacional. La página www.manipuladordealimentos.com ofrece un amplio listado de los centros que los imparten.

Contenido del curso

Aunque puede haber ligeras variaciones según la comunidad autónoma, en general estos cursos tienen una duración mínima de diez horas. Puede hacerse a distancia, aunque lo habitual es la variedad semipresencial, con 7 horas de aprendizaje a distancia y 3 horas presenciales. Esta opción permite compatibilizarlos con la actividad laboral.

Condiciones

Los Centros de Formación facilitan todo el material didáctico necesario para el curso: manual y ejercicios. El aspirante debe aprobar un examen y la asistencia a las clases es imprescindible para la obtención del Certificado. Normalmente se puede formalizar la matrícula por teléfono o correo electrónico. Este Certificado de Manipulador de Alimentos tiene una validez de cinco años.

Una variante específica

Existe la noción de «manipulador de mayor riesgo»: aquellos que intervienen en la elaboración de comidas preparadas para la venta. En algunas comunidades, el Certificado para estos especialistas debe obtenerse en centros oficiales.

Más información

Podemos acceder a otros detalles sobre el tema en la página de la Federación Española de Hostelería (www.fehr.es) o en la de la Agencia Española de Seguridad Alimentaria (www.aesan.msc.es).

RECURSOS EFICACES EN LA BÚSQUEDA DE EMPLEO

No cabe duda de que nuestra formación y experiencia, la oportunidad y la suerte son determinantes a la hora de encontrar trabajo. Pero podemos hacer que nuestras posibilidades de hallarlo aumenten mediante una búsqueda eficaz y planificada.

Dedicación plena

Buscar trabajo es un trabajo en sí. Precisa concentración, esfuerzo y tiempo. No lo podemos realizar como algo complementario a otras actividades. Hay que dedicarle horas, voluntad y paciencia.

Iniciativa

El 80% de los trabajos no figuran en las bolsas de empleo, sino que pertenecen al mercado oculto. Sólo se accede a ellos mediante una búsqueda activa. Hay que ofrecer nuestros servicios a empresas que no se anuncian y frecuentar los foros de empleo a diario.

Contactos

Buscar trabajo no es vergonzoso, así es que haz correr la voz de que buscas empleo entre absolutamente todos tus familiares, amigos y conocidos, ya que nunca se sabe quién estará en condiciones de ayudarte, pero es frecuente que sea quien menos imaginas. En caso de currículos parecidos, una palabra de cualquiera, aunque no tenga especial peso en la empresa, puede ser la que desempate.

Actitud

Hay que evitar el sentimiento de inferioridad del que solicita un favor. No se debe parecer un pedigüeño. Hay que aprender a venderse, pero no se ha de ser pretencioso en el primer trabajo: empezar en un puesto modesto sirve para aprender bien el oficio y madurar profesionalmente. Se ha de saber aceptar un rechazo y preguntarse a qué se ha debido, para que no vuelva a ocurrir.

Método

Se debe ser sistemático: dedicar las primeras horas del día a estudiar las ofertas de los periódicos, adaptar el currículo en función de lo que se pide y enviarlo el mismo día en que se lee por primera vez el anuncio. Por la tarde podemos dedicarnos a consultar las bolsas de empleo y a recordarles el asunto a nuestros «contactos». Estemos al tanto de lo que aparece en la prensa económica y en los suplementos dedicados al empleo.

Perfección

El currículo y la carta de presentación son importantísimos: aprende a elaborarlos sin fallos y en la forma en que se estila. Hay multitud de libros y páginas de Internet que te dicen cómo hacerlo, así es que no sigas el consejo de cualquiera: aprende de los profesionales. Lo mismo se aplica a la posible entrevista: estudia a la empresa y practica tus respuestas. Y, sobre todo, resalta una cualidad concreta que te haga destacar entre tus competidores y llame la atención de quien te selecciona.

¿QUÉ SE CONSIDERA ACCIDENTE DE TRABAJO?

¿Qué casos concretos abarca esta expresión?

Para nuestra seguridad y tranquilidad debemos tener muy claros estos términos y saber qué tipos de eventualidades cubre nuestro seguro laboral y corren a cargo de la empresa

Definición legal

«Entendemos por accidente de trabajo, toda lesión corporal que el trabajador sufra con ocasión o a consecuencia del trabajo que efectúe por cuenta ajena.» (*Real Decreto Legislativo 1/1994, art. 115*).

Precisiones

Esta definición exige que el trabajo se efectúe por cuenta ajena, dentro del ámbito de organización y dirección de un empresario. Es precisa la existencia de una lesión corporal, interna o externa, producida por un agente lesivo. Se exige que haya una relación causa-efecto entre el trabajo realizado y el daño; por ejemplo, que el corte o quemadura tenga su origen en el empleo de herramientas que se manipulaban.

Otros casos que cualifican como accidentes.

1.- Los que sufra en trabajador al ir o volver del lugar de trabajo.

2.- Los que sufra como consecuencia del desempeño de cargos electivos de carácter sindical, así como en los desplazamientos a tales actividades.

3.- Los ocurridos a consecuencia de tareas distintas de las de la empresa, pero que se hagan para el mejor funcionamiento de ésta, bien sean hechas por orden del empresario o espontáneamente.

4.- Los acaecidos en actos de salvamento cuando tengan conexión con el trabajo.

5.- Las enfermedades o defectos padecidos con anterioridad por el trabajador, si se agravan como consecuencia de una lesión laboral.

El beneficio de la duda

Existe la presunción legal, salvo prueba en contra, de que todas las lesiones que sufra el trabajador durante el tiempo y en el lugar de trabajo, son accidentes de trabajo.

Excepciones

Esta definición no cubre los accidentes debidos a

una fuerza mayor extraña al trabajo y que no guarden relación con él. (No se consideran fuerza mayor los fenómenos naturales como la insolación o el rayo). Tampoco habría responsabilidad de la empresa en los accidentes debidos a dolo o imprudencia temeraria del trabajador accidentado. (En este caso existe la excepción de la denominada «imprudencia profesional», entendida como el ejercicio habitual de un trabajo y que se deriva de la confianza que inspira.

Especificación

No hay que confundir el accidente de trabajo con la «enfermedad profesional», que se rige por distintos parámetros.

LA CARTA DE ACOMPAÑAMIENTO AL CV

Has de personalizar tu presentación a una empresa. Entregar solamente el currículo indica masificación de tu búsqueda de empleo.

Muchos trabajadores ignoran esta regla. Se rechazan diariamente miles de solicitudes de trabajo por estar mal estructuradas. Cuida este aspecto y tendrás muchas más posibilidades de ser el elegido.

Una carta de acompañamiento de currículo es una cortesía con la empresa, con la que te relacionas por primera vez y a la que puedes agradar por tu elegancia y modales. Pero también resulta una excelente tarjeta de presentación en la que puedes incluir aspectos de tu personalidad que refuerzan el mensaje del currículo. Es un medio de «venderse».

Destinatario

Dirígete a la persona que mencione el anuncio, con nombre, apellidos y cargo. Si no sabes el cargo, conviene que lo averigües. De no ser posible, escribe «Departamento de selección del personal».

Personalización

Aquí no valen circulares. Cada carta debe estar redactada con miras a una empresa en concreto. Que vean que te diriges sólo a ellos. Cuida estos detalles, pues cualquier falta de atención será considerada como poca capacidad de percepción.

Contenido

Manifiesta claramente cuál es el puesto que te interesa. Argumenta tu candidatura: por qué quieres trabajar allí, qué puedes aportar. Resalta muy brevemente tus capacidades: «Poseo este título y tengo esta experiencia en el sector». No finalices la carta con una indicación de que esperas sus noticias, pues parece que les obligas a algo. Indica que tú seguirás el asunto y estarás al tanto.

Estilo

La elegancia estilística es fundamental para impresionar. No te darán un empleo sólo por una carta bien escrita; pero en muchos casos sí te lo negarán si tu carta deja que desear en cuanto a presentación, limpieza, coherencia, etc. Es aconsejable redactar en primera persona, pero no tienes que alabarte ni expresarte con demasiada familiaridad. Emplea el «usted» y evita tópicos y frases hechas. No les aburras con demasiada información ni con relleno.

Corrección

La gramática y la ortografía son esenciales. La carta muestra tu capacidad para redactar y comunicar mucho mejor que todos los títulos universitarios que aportes. Corrígela una y otra vez hasta que sea perfecta.

Formato

Debe ser breve (nunca más de un página) y sintética (intenta decir en poco espacio todo lo que te interesa que sepan de ti). Emplea papel de buena calidad, DIN A4, blanco, al igual que en el currículo. Usa márgenes amplios y un tipo de letra no excesivamente pequeño («Times New Roman» o «Arial», tamaño 12 ó 14 son los más aconsejados). Cuida la pulcritud, que no haya manchas ni tachaduras. Firma con tu nombre y los dos apellidos. Últimamente muchas empresas prestan atención a los rasgos grafológicos. Si tienes una escritura agradable y muy clara, puedes escribir esta carta a mano, lo que produce una impresión positiva.

CLAVES PARA VALORAR UN EMPLEO

Si puedes permitírtelo, no digas «sí» a la primera: elige lo mejor

Muchas veces trabajamos donde podemos y aceptamos lo que se nos ofrece. En una sociedad bien constituida, una persona formada debería poder escoger siempre la empresa en la que integrarse. Si estás en ese caso, he aquí algunos datos que conviene conocer para valorar una oferta de trabajo.

La compañía

Antes de la entrevista, investiga a la empresa. Conoce sus valores, costumbres y objetivos. Asegúrate de que es solvente y respetada. Entérate de si ha realizado despidos masivos en el pasado o si ha tenido problemas sindicales. Estudia su publicidad y su web.

Tu designación

Esto parece simple, pero es esencial para conocer tus responsabilidades y *status* en la organización. No es lo mismo ser ingeniero que ingeniero técnico.

Entérate de qué significan tales diferencias. Pregunta cuanto antes el rango de tu inmediato superior. Esto es lo que determina realmente tu importancia.

Labor

Tu trabajo no debe ser sólo una fuente de ingresos. Ha de constituir un reto, una oportunidad de mejorar y también de disfrutar con lo que haces. Pregúntate si existen posibilidades de ascenso en un tiempo prudente. ¿Tendrás que viajar? ¿Es costumbre hacer horas extraordinarias? Hazte este tipo de preguntas.

Fecha de inicio

Debes ser flexible, pero quizá tengas compromisos anteriores. Si la empresa quiere tus servicios, se amoldará a ti dentro de lo razonable. Las exigencias en cuanto al comienzo de la labor no son buen síntoma: necesitan urgentemente a alguien. Hoy ese alguien eres tú, pero te pueden sustituir fácilmente en el futuro.

Sueldo

No te centres en la cantidad de euros que percibirás. ¿Hay comisiones, dietas u otro tipo de incentivos salariales? En algunas profesiones esto hace toda la diferencia. ¿Habrá aumentos regulares o en relación con los beneficios de la empresa?

Compensaciones

Aparte del sueldo, entérate de qué otro tipo de incentivos ofrecen: seguros médicos privados, ayudas para traslados, medios de transporte, reducciones en compras y servicios relacionados con la empresa e incluso facilidades para la compra de acciones.

Desarrollo profesional

Es bueno saber si la empresa considera a sus empleados como una inversión a largo plazo. ¿Tiene empleados que lleven muchos años en la firma? ¿Subvenciona la empresa programas de capacitación y da facilidades para el aprendizaje de nuevas herramientas laborales? Pregunta en qué estadio estarías cualificado para un ascenso

Entorno

Si aceptas el empleo, pasarás mucho tiempo en el lugar y las condiciones que la compañía elige. Es importante que sea un ambiente limpio, sano y alegre. Un inadecuado lugar de trabajo, un mobiliario incómodo, una mala iluminación o ventilación puede tener efectos muy nocivos para tu salud y tu estado de ánimo, haciéndote muy desagradable tu tarea.

SEXO EN LA OFICINA

Al fin y al cabo, somos humanos. Es inevitable. Convivimos muchas horas con nuestros compañeros de trabajo. Muchas personas no tienen otro círculo de conocidos que el entorno laboral. Además, las largas jornadas laborales, las fiestas y comidas de empresa y los viajes de negocios fomentan el acercamiento. Así que las fantasías, los flirteos y las relaciones sexuales de todo tipo están a la orden del día.

Se han hecho numerosas encuestas con resultados sorprendentes, aunque se calcula que muchos entrevistados mienten. No obstante, es posible llegar a algunas conclusiones curiosas.

Datos

La revista *Playboy* publicó un estudio hecho entre 10.000 trabajadores de ambos sexos. El 50% de los varones reconoció haber tenido relaciones sexuales en su trabajo. En el caso de las mujeres el porcentaje superaba el 70%. Más de un 80% afirmaba haber flirteado seriamente. Estas datos coinciden con otra encuesta efectuada en el sitio británico www.newwoman.co.uk. En ella se asegura que dos de cada diez mujeres van a trabajar sin ropa interior «por lo que pudiera surgir». Entre un 16 y un 18% reconoce emplear diariamente los lavabos para el autoerotismo. Un alto número de mujeres reconoce que viste deliberadamente ropas provocativas para excitar a sus compañeros.

Lugares preferidos

El cuarto de las fotocopias es el lugar de encuentros amorosos por excelencia, aunque también se practica el sexo en los baños, las salas de reuniones, el ascensor, el guardarropas y el aparcamiento o en lugares improbables como las escaleras de emergencia o un armario. Cuando se efectúa en una habitación, se prefiere la mesa del despacho, al sofá, pues parece producir más morbo.

Pros

Los entrevistados afirman que una historia amorosa en la oficina es buena para la salud y la autoestima: proporciona seguridad. Sirve para distraerse de tareas monótonas y, en definitiva, ayuda a trabajar mejor. Muchos aseguran que es una vía rápida de ascensos y un 17% afirma haber dormido con un superior para prosperar en la empresa.

Contras

El sexo en el trabajo puede ser terrible. Proporciona a unas personas poder y control sobre otras. Esto ha llegado a preocupar a muchos empresarios, que han incluido el sexo en el trabajo como motivo de rescisión de contrato. Las empresas consideran que estas relaciones reducen la productividad y son fuente de denuncias falsas de acoso.

Relaciones estables

No es extraño que las aventuras de trabajo acaben en relaciones de pareja consolidadas. Sin embargo, trabajar en la misma empresa con la pareja suele ocasionar conflictos que pueden hacer que uno de los dos abandone el trabajo para poder continuar la relación.

Consejos. Si tienes relaciones con un compañero procura no airearlo demasiado. No hagas demostraciones de cariño: no dejes mensajes amorosos ni des besos a destiempo. No emplees la aventura para mejorar de posición: los ascensos rápidos traen caídas estrepitosas. No favorezcas laboralmente a la otra persona: los compañeros podrían denunciarte por favoritismo. No lleves tus diferencias personales a la empresa: nada debe afectar a tu productividad.

NEGOCIANDO NUESTRO SUELDO

¿Cuánto vamos a ganar en nuestro nuevo trabajo? Todo Puede depender de nuestra capacidad de argumentación

Te han ofrecido un nuevo puesto y ha llegado la hora de concretar las condiciones del mismo. Puede que la opción sea fija, del estilo «Lo tomas o lo dejas», pero puede que no. De ser así, ¿estás seguro de hallarte preparado para negociar tu sueldo con habilidad? Quizá no estén de más algunos consejos extraídos de la experiencia de muchos.

Pasos que hay que seguir

Debes enterarte de cuál es el sueldo habitual para el cargo que vas a desempeñar. Investiga y pregunta en otras empresas. También puedes encontrar la información en Internet, pues hay páginas especializadas. Valora todo esto en relación con tus méritos profesionales.

Se consciente de tus cualidades y conocimientos. Asegúrate de que quien te contrata los conoce y hazlos valer.

No seas excesivamente avaricioso. Un aumento

de un 10% o un 15% sobre lo que ganabas en tu anterior empleo se considera todo un éxito.

No saques el tema del sueldo antes de que lo haga quien te contrata. Retrásalo todo lo posible, hasta que sepas bien en qué consiste el trabajo.

Si te preguntan cuánto piensas ganar, responde que esperas una remuneración acorde con el mercado de trabajo y con tus méritos o da una escala de sueldo que te parezca conveniente. No te asuste pedir mucho. Si no están dispuesto a concederlo, te lo dirán y siempre puedes ajustarte. Si pides poco pensarán que te infravaloras y tendrán mala opinión de ti.

No mientas nunca sobre cuánto ganabas en otros sitios. Los que contratan están muy al tanto de esas cosas y pueden enterarse de la verdad.

No te sientas obligado a decir que sí ante la primera oferta que te hagan. El regateo es algo aceptado en el mercado laboral. Simplemente procura hacerlo con elegancia. Que no parezca que el dinero es para ti lo más importante a la hora de tomar una decisión.

Durante el proceso procura mantenerte calmado. No te excites visiblemente cuando se hable del sueldo.

No te concentres únicamente en lo económico. La oferta puede incluir otras compensaciones que merezca la pena considerar (seguros médicos, bonos, comisiones, etc.) Si el sueldo que te ofrecen no es totalmente satisfactorio, intenta que te compensen con esos incentivos o bien con más vacaciones, un título de mayor importancia, flexibilidad en el horario u otra mejora que te convenga.

Pide siempre que te den por escrito la oferta con las condiciones y el sueldo y espera un día o dos antes de dar la contestación definitiva.

QUÉ BUSCAN EN TI TUS JEFES

Evalúa qué cualidades profesionales y humanas tienes y cuáles debes adquirir si quieres triunfar en el mundo laboral.

A todos nos gustaría tener la clave que nos permitiera convertirnos en los favoritos de los jefes. No exiten fórmulas mágicas, pero sí combinaciones de habilidades que gustan más que otras. La cualificación profesional no siempre es suficiente para subir la empinada escalera del éxito profesional. Así es que debemos desarrollar otras capacidades y aprender a mostrar y hacer valer las que ya tenemos. No nos valdrá de nada ser magníficos si en nuestra empresa no lo saben.

Por supuesto, siempre se valora la honestidad, la dedicación, el sentido de la responsabilidad, la lealtad a la empresa, el profesionalismo, etc. Pero hay otras cosas que importan:

Habilidades comunicativas

Son las que más frecuentemente mencionan los jefes en todas las encuestas. Quieren empleados capaces realmente de, escuchar, hablar con claridad y de redactar con precisión. Sorprende el gran número de personas incapaces de hacerlo bien.

Capacidad de análisis

Saber entender una situación, verla desde múltiples perspectivas para poder afrontarla, poder recopilar más información sobre algo y ser capaces de distinguir lo esencial de lo superfluo. Todo esto permite resolver los problemas que se plantean.

Dominio de la informática

Todo el mundo presume de sus conocimientos en este campo, pero suelen distar mucho de lo óptimo. Pongámonos al día, especialmente en programas de texto, bases de datos y manejo del correo electrónico.

Adaptabilidad

No basta con hacer siempre bien el mismo trabajo. Un empresa precisará de personas flexibles que puedan enfrentarse a retos y a situaciones anómalas. Desarrolla el gusto por lo distinto, muéstrate sensible ante los cambios y las situaciones extrañas y haz saber que te interesa apartarte de la rutina.

Diplomacia

La «mano izquierda» es una gran ventaja. Llévate bien con los compañeros, suaviza situaciones, rehúye el conflicto y los jefes te valorarán como un elemento muy positivo. Acostúmbrate a trabajar en equipo.

Planificación

Nada aborrecen más los jefes el que caos, real o aparente. Aunque completes tus tareas a tiempo, no avanzarás si no te consideran ordenado. Organízate y muestra tu método de trabajo: metas, parámetros de tiempo, sistemas de clasificación del material que manejes, etc.

Creatividad

Si encuentras cualquier solución inusitada a un problema, habrás ganado la estima de tus superiores. Los que resuelven conflictos son los más valorados en cualquier lugar. Especialízate en el manejo de situaciones críticas e investiga cómo otros han resuelto problemas parecidos.

COMO ENFRENTARSE AL ESTRÉS LABORAL

Siempre has sido un trabajador responsable y eficaz, pero ahora notas en ti algunos cambios sutiles: ves las cosas de manera negativa, te frustra que tu trabajo no progrese satisfactoriamente, piensas demasiado en él, te cuesta conciliar el sueño, crees que no estás bien integrado en el equipo... Todo esto es muy común y puede ser que padezcas el denominado "estrés laboral".

En qué consiste

Se ha diagnosticado como una enfermedad real y que aqueja a todos los trabajadores. La diferencia estriba en el grado, pues algunos lo llevan mejor y casi no les afecta. Pero hay un sector que lo sufre intensamente. El estrés puede ser relativamente bueno y ayudarnos a mejorar y a rendir más, pero puede llevarnos también a enfermar. Hay profesiones que lo producen más que otras: las de riesgo claro (policías, bomberos), las que generan tensión necesaria (médicos, enfermeros), las de trato con el público (vendedores, dependientes, administrativos) y las de carácter excesivamente repetitivo (obreros, manufactores).

Causas y síntomas

Aparte de la naturaleza del trabajo hay otras razones determinantes para que aumente el estrés laboral. Entre ellas se cuentan las malas relaciones con los jefes o los compañeros, el temor a perder el puesto, la carga excesiva de trabajo, las malas condiciones en las instalaciones o el alto nivel de los riesgos laborales. El mayor o menor influjo de cada uno de estos aspectos depende del individuo. Los síntomas más comunes son apatía, pesimismo, falta de entusiasmo, aburrimiento, ansiedad, frustración, fatiga excesiva, depresión, alienación, irritabilidad y problemas físicos, principalmente dolores de cabeza y de estómago. Si sufrimos alguno de estos síntomas hemos de preguntarnos si la causa no será nuestro trabajo.

Posibles remedios

No existen soluciones radicales, peso sí actitudes que nos ayudan a superar estos bajones anímicos.

1.- Ver las cosas en perspectiva. Los empleos pueden ser una consideración secundaria, pero nuestra familia y nuestra salud son primordiales. Si nuestro trabajo nos enferma, debemos buscar otro.

2.- Intentar adaptar el trabajo. Si nos gusta la empresa, podemos pedir una labor diferente, más adaptada a nuestras capacidades, aunque eso implique condiciones laborales diferentes.

3.- Conseguir un respiro. Aprovechar nuestras vacaciones pendientes, si las tenemos. Variar el ritmo de trabajo. Renunciar a nuestra metas privadas en lo laboral, aunque se reduzca nuestra eficacia. Hacer ejercicio.

4.- Priorizar nuestra actividad. Quizá dediquemos tiempo a cosas no imprescindibles. Hagamos únicamente lo que se nos exige.

5.- Hablarlo con expertos. Podemos conseguir buenos consejos. O simplemente desahogarnos con amigos o familiares. Nos contarán casos parecidos que nos harán ver nuestros problemas en perspectiva.

6.- Hacer amigos. Conseguir aliados en el trabajo que nos puedan echar una mano en un momento de agobio y que hagan que no nos sintamos solos. Establezcamos pactos de ayuda mutua con ellos.

7.- Busquemos el lado irónico de las cosas. Empleemos el humor para defendernos de los aspectos desagradables del trabajo. Hablemos de ello en voz alta o confiemos a un diario nuestros sufrimientos cotidianos de manera satírica.

8.- Mantengamos expectativas realistas. No nos empeñemos en realizar tanta cantidad de trabajo o en conseguir un ascenso o un aumento en un plazo determinado. Estas metas temporales aumentan exponencialmente nuestro estrés.

9.- Seamos buenos con nosotros mismos. Perdonémonos nuestros errores. El mundo no exige que seamos siempre perfectos. Busquemos una actitud positiva y aprendamos a alegrarnos de nuestros pequeños logros.

LA CUENTA ATRÁS PARA EL GRAN DÍA

Mañana tenemos la entrevista que será crucial para nuestra carrera profesional y nuestro futuro. Hemos puesto en ella todas nuestras esperanzas porque es el trabajo que siempre hemos estado buscando. Hemos cumplido los preliminares y confiamos en el éxito. Imaginamos qué nos pueden preguntar y hemos preparado mentalmente las respuestas. Hemos ensayado nuestra actitud y nuestros modales frente al espejo. Nos hemos asesorado y hecho acopio del valor necesario. Pero todo eso se verá mañana. La pregunta que queda es ¿qué es lo más conveniente que hagamos hoy? ¿Con qué actividades podemos sacarle partido a la víspera de la entrevista?

Ubicación

No podemos arriesgarnos a no estar en el sitio en el momento preciso. Asegurémonos de que conocemos el emplazamiento del lugar de la entrevista. Si no es así, convendría ir de antemano, para localizarlo, saber cuánto se tarda en llegar, dónde aparcar si vamos en coche, si hay barreras de seguridad, etc. Hagámoslo a la misma hora que lo tengamos que hacer al día siguiente para encontrarnos con las mismas variables. Además, mañana nos resultará un trayecto conocido y reduciremos los nervios.

Confirmación

Si tenemos dudas respecto a lo anterior o cualquier otro aspecto no está de más llamar a la empresa y confirmarlo. Lo mismo puede decirse en cuanto a la hora de la entrevista. Es mejor asegurarse.

Vestimenta

¿Qué llevaremos puesto? Conviene revisar nuestro atuendo de mañana, incluyendo complementos (cinturón, cartera), etc. Y, lo más importante, tener un plan B, por si se nos derrama el café en el pantalón en el último minuto.

Repaso

Conviene refrescar la memoria en todo lo relativo a la empresa, nuestros posibles jefes y el puesto de trabajo. También lo que se nos puede preguntar y las respuestas que deseamos dar para potenciar nuestra imagen. No es ninguna tontería tenerlas escritas y revisarlas de cuando en cuando.

Ensayo

Pidamos a un familiar o amigo que finja hacernos una entrevista, para así valorar nuestra capacidad comunicativa y el tiempo que necesitamos para responder a una pregunta. Conviene hacerlo con toda la parafernalia: ropa. gestos, movimientos... Esto nos evitará nervios más adelante.

Relajación

Es bueno practicar algún ejercicio físico (correr, montar en bicicleta) y también alguna actividad mental que desvíe nuestra mente de lo que se nos viene encima (leer, ir al cine).

Dieta

Se recomienda una cena muy ligera, para evitar pesadez de estómago y mala digestión. Ni que decir tiene que se desaconseja radicalmente el alcohol y cualquier tipo de tranquilizante. Es mejor ir a la cama antes de lo habitual, por si tardamos en dormirnos debido a los naturales nervios, pero no debemos tomar somníferos, cuyos efectos secundarios nos restarían capacidades por la mañana

Higiene

Al levantarnos, cuidemos nuestra higiene en todos sus detalles (uñas, hilo dental, desodorante, etc.), pero sin abusar de colonias ni perfumes.

Detalles finales

Vistámonos sin prisa y no nos olvidemos de llevar pañuelos para limpiar posibles manchas y alguna pastilla de menta para prevenir el mal aliento. Asegurémonos de llevar en funcionamiento el móvil, por si nos llaman para cambiar la hora de la entrevista, y también varias copias de nuestro currículo, por si hubiera más de un entrevistador.

EL *CIBERCURRICULUM*

Ésta forma de presentación es hoy muy común y está sustituyendo al soporte de papel. Cada vez son más las empresas que prefieren recibir los currículos por correo electrónico. Por ello tenemos que modernizarnos y aprender unos cuantos trucos para poder impresionar a nuestros posibles contratadores.

Formato

Es conveniente enviar el currículo en formato PDF, que mantiene la forma y el estilo en el que lo elaboraste. Aunque lo hayas creado con un programa de tratamiento de textos (como «Word» o similar), puedes transformarlo a este formato, que funciona con todos los sistemas operativos, bajándote de la red programas gratuitos de conversión.

Opciones

Por si el receptor tuviera problemas para abrir el PDF, puedes enviarle también el currículo pegándolo debajo del texto de tu correo. Preséntalo como una facilidad que le das. Cuida la forma, ya que en los e-mail pueden desencajarse y si empleas tabulaciones, el texto se descolocará. No emplees frases largas, pues algunos programas de correo electrónico cortan palabras y las frases superan los 72 caracteres.

Tipografía

No dibujes con letras. Emplea una fuente de fácil lectura y prescinde de adornos. «Times New Roman» o «Arial», debido a su claridad, son las más idóneas. No uses un tamaño muy pequeño: nunca menos de un 12 o un 14. La legibilidad es esencial si quieres que lo lean con detenimiento. Por la misma razón evita colores, dibujos o elementos un tanto infantiles. Se trata de producir una impresión de seriedad y rigurosidad.

Fotos

Si añades una imagen a tu currículo asegúrate de que no tiene demasiada definición. Tu documento debe abrirse con rapidez y, si algo lo dificulta, es posible que vayas directamente a la papelera.

Motivo

Es imprescindible rellenar adecuadamente el recuadro de «Motivo» en tu e-mail. Si el destinatario recibe algo de un desconocido puede que no lo lea, si no sabe quién eres. Indica algo así como «Envío de *curriculum* para tal puesto».

Más información

En el mensaje que incluye el currículo ofrece mandarlo también en papel, si lo desean. Una excelente opción es poseer tu propia página *web* en la que indicar tus actividades de manera más detallada. Muchos profesionales lo hacen y los resultados son excelentes. Puede ser una página de pago (las hay muy económicas) o incluso un *blog* gratuito que emplees para tal fin (con una única entrada que contenga toda la información). Invita a las empresas a que la visiten para conocerte mejor. Una página cuidada, elegante y bien escrita causa una gran impresión.

QUÉ NOMBRE PONER A TU EMPRESA

Si ha llegado el momento de decidir el nombre que te acompañará en tu vida profesional, habrás de considerar una serie de factores. Necesitas un nombre nuevo, original, no usado y que no figure en el Registro Mercantil. Debe tener relación con la actividad de la que se trate o sugerirla. Ha de ser sonoro, elegante y fácil de pronunciar. Aunque parezca un detalle accesorio, puede ser esencial para el éxito de tu proyecto comercial. Algunas empresas eligieron sus nombres por los motivos más curiosos.

Siglas y acrónimos

Es el procedimiento más común, como vemos en Microsoft (**Micro**computer **Soft**ware), en Caprabo (de los apellidos de los fundadores: **Carbó**, **Pra**ts y **Bo**tet) o en Repsol (**R**efinería de **P**etróleo de **Es**combreras **Oil**).

El azar

Apple tenía que elegir un nombre ese día; no encontraban nada que les gustase y, como el dueño se estaba comiendo una manzana, puso ese nombre.

Para elegir si su empresa se llamaría Hewlett-Packard o Packard-Hewlett, los dos socios tiraron una moneda al aire.

La palabra más cercana

Carrefour (encrucijada, en francés) se llama así porque la primera tienda estaba en un cruce. Adobe es el nombre del río que pasaba cerca de la casa del fundador de la empresa. Danone proviene de Dan (diminutivo de Daniel, hijo del dueño) y One (uno, porque era el primer hijo).

Palabras cultas

Tal es el caso de Xerox, especialistas en fotocopias en seco (del griego *xer*, «seco»). Yahoo es el nombre que Jonathan Swift, en *Los viajes de Gulliver*, dio a una persona con aspecto repulsivo. Sony proviene del término latino *sonus* (sonido). Nero es el nombre inglés de Nerón, de quien se dice que incendió Roma. Canon viene de *kwanon*, una palabra japonesa que designa al Buddha. Nike es la diosa griega de la victoria.

Capricho

El creador de Lotus era profesor de meditación trascendental, donde el loto simboliza el desarrollo espiritual. Lycos proviene de *Lycosidae*, el nombre latino de una variedad de arañas. Kodak no significa absolutamente nada en ninguna lengua: es sólo una combinación de letras que le sonó bien a su inventor.

Deformación

La palabra Hotmail se eligió porque incluía las letras HTML, el lenguaje utilizado para programar páginas web, e inicialmente se escribía HoTMaiL. *Googol* es un término algebraico que representa un uno seguido de 100 ceros, pero al escribirlo alguien cometió una errata y de ahí nació Google.

Nombres desafortunados

La casualidad, la mera ignorancia o simplemente el hecho de no fijarse bien en el nombre que se elige pueden hacerte una jugarreta. Tal es el caso de una inmobiliaria llamada Construcciones CAE, de una empresa fabricante de extintores para incendios llamada Palma-Peña o de un restaurante tailandés de París que tiene por nombre Tan DaoVien.

Listados de empresas

Averiguar qué nombres están ya en uso es fácil. Existen muchas páginas (www.iberinform.es/ es una de ellas) con un buscador de empresas. Escribe el nombre elegido y comprueba si aparece.

CÓMO ENCAJAR UN RECHAZO LABORAL

No te han dado el empleo que esperabas. Acéptalo, no te deprimas y aprende de tus errores

Si has pasado algún tiempo buscando trabajo, seguro que te habrás enfrentado con cartas o llamadas en donde se te hacía saber que no eras tú el elegido por tal y cual razón o, peor aún, sin darte ninguna razón en absoluto.

Es el momento del sabor amargo en la boca y la inevitable frustración. Claro que no eres el único al que le ha sucedido esto, pero ya se sabe que «Mal de muchos...» De todas formas, para no sufrir en exceso, conviene hacerse los siguientes razonamientos.

Acepta que los rechazos son habituales.
En el mundo laboral se cuentan por cientos de miles cada día. Son una parte intrínseca del proceso de contratación. Hay que evitar tomárselos de una manera personal. Puede no deberse en absoluto a tus méritos, sino haber sido un capricho de la compañía. Aprovecha la experiencia para mejorar como candidato a lo que aspires.

Busca un grupo que te anime

La frustración conduce a la autocompasión. Nos apartamos de nuestro círculo habitual y disfrutamos sintiéndonos injustamente tratados e incomprendidos en un mundo que no nos aprecia. Esto es un error. Debemos, por el contrario, apoyarnos más en los seres que nos quieren, compartir con ellos nuestro enfado y, a poder ser, bromear sobre lo pasado.

Asesórate

Considera la posibilidad de que estés aspirando a algo equivocado, que no sea el trabajo en el que puedes destacar. No intentes conseguir el primer empleo que aparezca y pide consejo a profesionales para orientar tus esfuerzos hacia los más adecuados.

Analiza tu actuación

Las personas inteligentes en búsqueda de empleo averiguan lo que han hecho mal: corrigen sus currículos y cartas de presentación, repasan sus respuestas en las entrevistas y los otros aspectos del proceso. Preguntan a amigos y conocidos cuáles son sus puntos débiles, profesionalmente hablando, y procuran mejorarlos.

Envía una carta

Que no te hayan elegido para un puesto no significa que debas cortar los vínculos con una firma tras la entrevista. Una carta en donde indiques que, pese a no haber sido contratado, no pierdes la esperanza de serlo en un futuro puesto que te interesa especialmente esa empresa, causa una impresión inmejorable y es posible que te recuerden pasado un tiempo.

No pierdas de vista a la empresa

Procura mantenerte informado, por si surgen nuevas oportunidades en el mismo lugar. Intenta contactar con alguien que trabaje allí, que puede tener información interna sobre nuevos puestos. Esta insistencia puede dar buenos resultados, pues, de cualquier modo, tiempo y paciencia son dos de las claves esenciales en la búsqueda de empleo.

CÓMO MALOGRAR UNA ENTREVISTA DE TRABAJO

Quien nos entrevista, espera algo de nosotros. Reduzcamos el riesgo de equivocarnos

Independientemente de nuestras capacidades e idoneidad para el puesto, nuestros entrevistadores dan importancia a nuestra apariencia y modales. Consideran que son síntoma de lo que seremos luego, una vez contratados. Recordemos estos factores.

Falta de franqueza

Una costumbre generalizada es mentir: hinchar los currículos, decir que en el empleo anterior se ganaba más, ocultar razones de despido. Los entrevistadores tienen práctica en detectar estos fraudes y suelen ponerse en contacto con los previos contratadores. Muchos candidatos mienten sobre su dominio de programas informáticos, pero siempre se acaba por saber la verdad, así es que la sinceridad es la mejor actitud.

Saber escuchar

Muchos entrevistados se precipitan con sus respuestas. Al inicio de la pregunta suponen lo que viene después y cortan al entrevistador. Esto produce un efecto deplorable, especialmente si se trata de un empleo cara al público.

Espontaneidad

Debemos parecer naturales. Nada peor que decir frases preparadas de antemano. Quedan muy artificiales y producen mala impresión. Debemos contestar a lo que nos pregunten, no llevar el tema a donde nosotros queramos. Tampoco es bueno pretender impresionar mencionando nombres de empresas o personas del sector. Probablemente nuestro entrevistador los conocerá mejor que nosotros y nos puede poner en un aprieto.

Campechanería

Mantengamos las formas. Si el entrevistador nos tutea, es un permiso implícito para que nosotros lo hagamos. Pero nunca debemos tomarnos demasiadas confianzas ni rebajar nuestra manera de hablar. Un «¡jo, tío!» a destiempo destruirá nuestras posibilidades.

Referencias

Se valora la experiencia anterior. Debemos llevar cartas de referencia. Pidámoslas en nuestros antiguos empleos. Aunque nos hayan despedido por cualquier motivo, esto no suele figurar en su contenido y siempre es mejor que no tenerlas.

Higiene

Es un elemento decisivo. Un pelo grasiento o manos mal cuidadas pueden imposibilitarnos el acceso a un puesto. Un *piercing* no nos afectará si queremos ser mozo de almacén, pero nos cerrará puertas si pretendemos ser vendedores.

Provocación y moda

Pensemos en la entrevista como en un proceso esencialmente conservador. En las mujeres, un exceso de maquillaje, tacones muy altos, grandes escotes o minifaldas resultan contraproducentes. Las empresas quieren trabajadores, no empleados exhibicionistas. En los hombres, la tradicional corbata sigue dando buenos resultados para marcar una imagen. Pero una corbata floja o una camisa por fuera del pantalón, aunque sean de marca y estén de moda, nos perjudicarán.

IMPRESIONA EN TU NUEVO EMPLEO

¿Inicias tu actividad en una empresa? Recuerda que tu futuro en ella puede depender en gran medida de la primera impresión que causes. Tanto por su propio interés como por curiosidad todos estarán pendientes de ti y examinándote. Además, si gustas a los jefes pero no a tus compañeros, quizá la vida allí no te sea muy agradable. Si das la imagen de "listillo" o de "trepa" las cosas se te pondrán difíciles. Por el contrario, si mantienes un perfil bajo, nunca prosperarás. ¿Cómo compaginar estos intereses opuestos?

Actitud

Nada funciona mejor que mantener el optimismo y una postura entusiasta y positiva. Manifiesta tu contento por estar allí. Deja tus problemas en casa y, sobre todo, evita inmiscuirte en los problemas internos de la empresa. No tienes aún base para juzgarlos, por lo que no debes mezclarte en ellos ni tomar partido.

Aspecto

Vístete adecuadamente. No subestimes la importancia de la apariencia física. Aunque otros vistan de manera informal, piensa si no tendrás que atender al público o a clientes. Hasta no estar seguro cuida tu atuendo. Y, por supuesto, la higiene.

Sociabilidad

Mézclate lo antes posible con tus compañeros. Pregúntales por sus vidas. Aprende sus nombres. Manifiesta tu interés por involucrarte en las actividades que los compañeros puedan tener el común (juegos, deportes, salidas, vida social en general).

Información

Entérate de dónde estás y de cuáles son las políticas y norma de la empresa. Si están escritas, pide una copia. Si no lo están, indaga. Es mejor preguntar muchas veces que cometer errores de procedimiento. Toma notas. Asiste a todas las sesiones de orientación y, sobre todo, escucha a los demás.

Eficacia

Manifiesta tu voluntad de trabajar en equipo y no intentes arrogarte méritos. Presenta los logros como colectivos. Toma la iniciativa y, si has acabado tu trabajo pendiente, pregunta en qué puedes ayudar a otros. Muestra así tu voluntad de colaborar con la empresa. Mantén tus asuntos al día y un registro personal de tus actividades y de su progreso. Esto indica tu orden mental y causa una excelente impresión.

Esfuerzo

Que no parezca que trabajas a disgusto o forzado. Cumple las horas fijadas. Llegar un poco tarde y marcharse un poco pronto equivale a indicarle a tus jefes que, cuando ellos no miren, tampoco trabajarás. Asimismo conviene que tu asistencia sea regular, para que no se dude de ti, si tienes que faltar por enfermedad.

Honestidad

No emplees el tiempo laboral en tus asuntos privados (llamadas, cartas, etc.), pues las empresas, aunque lo toleren en cierta medida, lo saben y se forman muy mala impresión de estos empleados. Lo mismo puede decirse del material que usamos. Aunque no se note demasiado su falta, los bolígrafos, los clips o el papel celo son de la empresa, no nuestros.

Vinculación. Indica tu intención de durar en la empresa. Busca un mentor o protector que pueda ayudarte a encarrilar tu trayectoria profesional en ella. Aprovecha las oportunidades profesionales o sociales para conocer a los directivos. No tengas reparo en hablar con ellos y contarles cómo te sientes en la organización, cuáles son tus planes y a dónde esperas llegar. Las empresas prefieren los empleados activos y ambiciosos a los apáticos y conformistas.

UN EMPLEO PARA SOBREVIVIR

Hay que comer. Y que pagar las facturas. Por eso nos podemos ver abocados algunas veces en nuestra vida a aceptar un empleo de supervivencia; esto es: un trabajo temporal con una remuneración muy baja y sin posibilidades de futuro, que sirve únicamente para ir tirando en espera de que nos llegue algo mejor. Si nos encontramos en esa situación no debemos desmoralizarnos, sino contemplar la situación en su debida perspectiva, aunque a primera vista el panorama parezca desalentador.

Inconvenientes

Los aspectos negativos de estos empleos son obvios para cualquiera. En este tipo de trabajos los sueldos son bajos y nos obligan a modificar nuestro tren de vida. Es posible que nos obliguen a entrar en la espiral del pluriempleo para poder salir adelante. Mientras trabajamos vamos subsistiendo, pero el mismo horario laboral nos deja menos tiempo para buscar un empleo mejor, por lo que nos podemos ver atrapados en un círculo vicioso. Además, son empleos sin futuro: no duraríamos en ellos muchos años aunque nos lo propusiéramos.

Ventajas

Se podría aducir que son mínimas, aunque todo depende de cómo las veamos. Estos empleos nos aseguran un sueldo, bien que bajo, que nos permite atravesar el momento de crisis. Nos proporcionan un beneficio psicológico, pues aunque fantaseemos con una vida de holganza continua, estamos adaptados al trabajo y las largas temporadas sin ocupación suelen ser muy nocivas para nuestra mente y nuestro ego: necesitamos sentirnos útiles y eficaces. También nos proporciona un respeto social: se considera mejor al que trabaja en algo para mantenerse él y a su familia que el que se rinde y abandona. De cara a Hacienda y a la Seguridad Social siempre es mejor estar en activo y cotizando. Y para posibles empleos, un historial de trabajo continuo es mucho mejor que un currículo con grandes periodos de vacaciones.

Otras consideraciones

Hay que saber aceptar lo que la vida nos ofrece y sacar el mayor partido de ello. Un empleo de estas características nos permitirá sobrevivir hasta alcanzar otro mejor. Pero hay más: podemos buscar un empleo de este tipo en donde sea posible aprender técnicas y habilidades que luego nos puedan ser útiles en otro sitio. Un trabajo provisional en unos grandes almacenes durante Navidades no parece gran cosa, pero mejorará nuestras capacidades en ventas, trato con el cliente, sistemas de inventarios, etc. Puede que también pueda ser de nuestro agrado, por estar relacionado con alguna de nuestras aficiones (socorrista en una piscina durante el verano, bedel en una biblioteca. etc.). Un empleo temporal en una gran compañía no es una garantía de que luego se pueda entrar en la misma, pero es un primer paso en esa dirección, pues se hacen contactos, se conoce cómo funciona la empresa y ese tiempo que se trabajó para ella es efectivo en el currículo. Sin embargo, aunque no planeemos estar en el empleo durante mucho tiempo, conviene que trabajemos de forma sincera y profesional, pues nunca se sabe quién nos está juzgando y cómo puede repercutir eso en nuestro futuro.

CÓMO QUEDARTE TÚ

¿Tienes un empleo temporal y te interesa pasar a ser permanente? ¿Qué puedes hacer para conseguirlo? Ésta es una pregunta que se plantean muchas personas que trabajan eventualmente en verano o Navidades. Aunque se les haya dicho claramente al contratarlas que el empleo sólo durará cierto tiempo, demuestran directamente lo que saben y son capaces de hacer y los empresarios se fijan en ellas para posibles contratos permanentes. Éstas son las pautas que conviene seguir:

Sé eficaz

Conoce tus obligaciones y cúmplelas. Muéstrate dispuesto a colaborar en caso de urgencia y házselo saber a tu supervisor o jefe directo.

Cumple gustosamente con tu trabajo

Es fácil reconocer a los empleados que hacen el mínimo esfuerzo. Debes demostrar que te interesa el trabajo en sí y que no sólo pretendes ganar algo de dinero durante algunos meses. Trabaja como si fueras permanente y lo notarán.

Identifícate con la empresa

Entérate bien de dónde estás y cuáles son los objetivos y la forma de pensar de tus patronos. Conoce a tus jefes y procura que te conozcan. Hazte notar, como si fueras a estar allí siempre.

Cuida tu apariencia

La higiene y la ropa adecuada mejoran tu imagen y proyectan la idea de que respetas el lugar donde trabajas. Esto es especialmente importante si lo haces de cara al público.

Resuelve problemas

Intenta ser esa persona que busca soluciones y no se queda paralizada en momentos de crisis. Ofrécete voluntario para las tareas en que se pida ayuda a los empleados aparte de sus obligaciones. A los jefes les gustan las personas que les solventan los conflictos.

Evita los cotilleos

En un lugar nuevo es mejor mantenerse totalmente al margen de los problemas de los demás. Muchos de estos conflictos pueden ser con la empresa y no te conviene solidarizarte con personas o posturas que pueden no estar bien vistas. Ante la duda, inhíbete de críticas y protestas. Sé simpático con todos, pero no hables de nadie, ni bien ni mal, pues no sabes dónde residen las simpatías de tus interlocutores.

No abuses de las facilidades de la empresa

Puede que tengas acceso a material o que te hagan descuento en sus productos. Procura no aprovecharte en demasía de estas ventajas, pues los gastos internos nunca pasan desapercibidos.

Manifiesta tu interés por continuar

Haz saber a tus superiores que te quedarías allí gustoso si hubiera algún puesto permanente en el futuro. Insiste en ello y trata de convencerles. A ninguna empresa le gusta adiestrar a alguien que la abandonará al cabo de un tiempo.

DIMITIR CON ELEGANCIA

Bien sea porque hemos encontrado un trabajo mejor, porque nos vamos a vivir a otro lugar o porque ya estamos hartos del jefe, es probable que en un momento u otro de nuestra vida profesional hayamos de dimitir del empleo que tenemos. Quizá no sepamos muy bien la manera más conveniente de hacerlo y nos asalten las ansias de criticar de forma demoledora todo aquello que no nos ha gustado en la empresa. Pero siempre es conveniente no quemar ningún puente y mantener buenas relaciones. Además, ser educado no es difícil. La cortesía, la etiqueta y la profesionalidad siempre acaban por ser rentables.

Cosas que hay que evitar

No hay que hacer afirmaciones de las que luego podamos arrepentirnos. Pensemos que otras empresas pueden pedir referencias o que nos podemos encontrar en otros lugares con cualquier persona con la que hayamos trabajado. Conviene irse en buena armonía con todos: jefes y compañeros. No hay que desaparecer ni evitar el trabajo en los últimos días en el puesto: eso podría estropear las referencias que quizá necesitemos más adelante. Tampoco conviene alinearse del lado de los protestones y descontentos.

Situaciones difíciles

Es posible que, nada más dimitir, se nos pida que abandonemos el lugar de trabajo. Por si se da esta eventualidad, debemos ser precavidos y vaciar de antemano nuestros armarios, cajones y archivos del ordenador, por si no podemos hacerlo más tarde. Recordemos que tenemos derecho al uso del material que hayamos producido. Sin embargo, conviene dejar limpio y en orden nuestra mesa, despacho o lugar de trabajo. Otra situación desagradable puede darse si los jefes o compañeros intentan hacernos sentir culpables por abandonar. Esto no debe afectarnos. Tampoco tenemos obligación de ofrecer excesivas explicaciones de por qué dejamos el trabajo. Si intentan convencernos y nos hacen una oferta mejor en sueldo o condiciones, no conviene aceptarla. La estadística demuestra que se cuestionará nuestra lealtad a la empresa y que no duraremos mucho en el puesto. En el mejor de los casos parecerá que nuestra intención de irnos no era genuina, sino sólo una técnica de coacción. También debemos estar psicológicamente preparados para recibir algún desprecio: muchos jefes ignoran a los empleados que se van a marchar o incluso son descorteses con ellos.

Colaborar con la empresa

Si queremos ayudar a resolver el problema que

planteamos al irnos, podemos hacer varias cosas:

Avisar con suficiente tiempo (lo habitual suele ser entre dos y cuatro semanas).

Ofrecernos a ayudar en la búsqueda de un posible substituto.

Enseñar los pormenores del trabajo a aquel que nos reemplazará.

Resolver los asuntos de mayor envergadura a los que nos dedicásemos.

Dejar un informe escrito sobre los detalles del trabajo que sólo nosotros conocemos.

Mantenernos en contacto para que puedan consultarnos sobre cualquier duda que surja.

Asegurar nuestros derechos

Al dimitir hemos de conseguir los beneficios que nos correspondan: compensaciones, bonos, vacaciones pendientes, "moscosos", pago de horas extraordinarias, etc. Pedir todo esto no es un abuso, sino simple justicia.

La carta de dimisión

Debemos entregarla a nuestro jefe inmediato, con copia al Departamento de Recursos Humanos. Debe ser totalmente respetuosa y cuidada. En el primer párrafo indicamos nuestro deseo de cesar en la actividad y mencionamos una fecha concreta, que será la de la baja oficial. En otro párrafo podemos, si queremos, indicar la razón por la que abandonamos. En el siguiente, agradecemos la oportunidad brindada y acabamos con una nota positiva.

ANGLICISMOS EN EL TRABAJO

Nuevas tecnologías y nuevas ocupaciones que exigen un nuevo léxico. Esto sucede en todas las lenguas. Pero mientras que en algunas se innova y se crean los neologismos necesarios, otras optan por la vía más fácil: la copia automática de términos extranjeros. En castellano tomamos prestados del inglés todo tipo de palabras correctas e incorrectas. He aquí alguno de los fenómenos asociados a esta práctica.

Esnobismo

El empleo de palabras inglesas no siempre es necesario. Hay que distinguir del llamado «préstamo por necesidad» del que hacemos por parecer más cultos dominando otra lengua. Hay que saber qué palabras enriquecen nuestro idioma y cuáles son innecesarias. Notemos que muchas de ellas son fruto de una estrategia comercial, para revalorizar un producto. También las distintas profesiones las popularizan para dar una impresión de especialización técnica.

Difusión

Las palabras de este tipo se cuentan por miles.

Los medios de comunicación las emplean a placer y las difunden de manera generalizada. El hecho de escucharlas en la radio o la televisión o leerlas en un periódico da al ciudadano la impresión de que están aceptadas y son correctas, aunque esto no sea cierto en absoluto.

Deformación

Las palabras extranjeras no se transliteran bien ni con arreglo a criterios fijos. Así tenemos 'diskette', 'disket', 'disquete' o directamente 'floppy'. Usamos grafías distintas que sólo sirven para confundir (CD-ROM, CD-rom, cederrón).

Calco

Es muy común la castellanización de términos sajones. Así podemos escuchar frases como «Se elaboró un reporte», el inglés *report*, 'informe'. Las famosas frases «El rufo (de *roof*, 'tejado) está liqueando (de *to lick*, 'gotear')» o «Estoy vacumando (de *to vacuum*, 'aspirar') la carpeta (de *carpet*, 'alfombra')» ilustran muy bien este caso.

Versión

Una vez que adaptamos la palabra inglesa, no lo hacemos por igual en todos los países hispanos, sino que cada uno de ellos agrega su propia versión al asunto. El anglicismo *to click*, onomatopeya resultante del sonido que se hace al apretar un botón, se convierte en clickear, cliquear, hacer click, dar clik, pinchar, picar, etc.

Invención

No nos cohibimos a la hora de hacer que nuestros términos castellanos parezcan más sofisticados dándoles un barniz sajón. Por eso han surgido palabras relacionadas con nuevas actividades profesionales o de ocio, tales como 'puenting', 'vueling' o 'alquiling'.

CÓMO DECORAR TU ESTABLECIMIENTO

Siempre podemos hacer las cosas a nuestro gusto. Pero también podemos beneficiarnos de los avances de las ciencias psicológicas y sociológicas. Se han estudiado los gustos del público, se conocen sus reacciones ante diferentes estímulos y se sabe por qué un cliente entra en un establecimiento y no en otro o por qué compra un producto que no necesita. Muchas de las decisiones que se toman están dictadas por nuestro inconsciente y por las impresiones que hemos recibido y asimilado. Nunca está de más emplear estos conocimientos en nuestro provecho para impulsar nuestro negocio. He aquí algunos elementos de eficacia comprobada.

Estilo

Si tenemos un comercio o establecimiento de cualquier tipo hemos de tener claro qué pretendemos transmitir. Hemos de ser conscientes de lo que ofrecemos. Puede tratarse de un comercio práctico, donde el cliente repone cosas que necesita. En tal caso debe encontrarlas con facilidad. Puede ser un lugar de concepto, una tienda temática, para gente que lo busca, en cuyo caso optaríamos por la alta especialización. O podría ser un establecimiento sensorial, en el que tendríamos que captar el interés del cliente con complementos, elementos lúdicos, presentación, etc.

Música

Los sonidos de fondo de un local no sólo lo definen: pueden atraer a un cliente o ahuyentarlo. Diferentes tipos de música incitan a la compra de diferentes productos. El sonido muy estridente (por ejemplo, rock en una tienda de ropa para jóvenes) puede atraer a los clientes, pero si les excita les impedirá estar mucho tiempo allí e irán a otra parte. Los sonidos de la naturaleza (agua, pájaros), por el contrario, nos hacen perder la prisa y comprar más relajadamente.

Espacio

No hemos de ser tacaños con el espacio. La acumulación de productos transmite desorden y venta al por mayor. Se tiende cada vez más al tratamiento museístico de las mercancías: lo que se expone es sólo una muestra de lo que se tiene. Los espacios vacíos se asocian con el lujo y permiten al cliente pasear y sentirse a gusto.

Luz

Una iluminación excesiva o fría incita a la compra rápida y no permite la relajación. Convienen más las luces indirectas, iluminando los productos y produciendo una sensación hogareña y acogedora.

Mercancía

Aparte de no acumular productos hemos de procurar siempre no reponerlos jamás a la vista del público. Si no hay mucho de lo mismo el cliente considerará que si no efectúa la compra en ese momento, puede quedarse sin lo que quiere. Los clientes, al entrar en los establecimientos, suelen ir hacia la derecha, por lo que es esencial colocar allí los productos más caros o los de más difícil venta. En los escaparates nunca se deben mezclar elementos.

Mobiliario. Cada material transmite una impresión. La madera resulta acogedora, el cristal implica lujo, la piedra y el acero nos hablan de duración y garantía. Conviene que en nuestro establecimiento haya butacas sillas, para evitar que el cliente se marche por hallarse fatigado.

Colores. El rojo excita y aleja a la clientela. El negro y el marrón transmiten seguridad y tradición, por lo que pueden ser recomendables para bancos, pero no para tiendas de ropa. El azul y el blanco sugieren asepsia y se aconsejan para centros de salud o estética. Los colores que incitan a la gente a permanecer más tiempo en un lugar son los marrones y la gama de ocres.

Otros consejos. Si decoramos nuestro establecimiento con cuadros o estatuas, éstos no deben estar a la venta. De otra manera se pierde la sensación de personalización y todo se convierte en un truco mercantil. Es conveniente la colocación de plantas en las tiendas, por la sensación acogedora que transmiten. Las labores de mantenimiento (escaparatismo, limpieza, etc.,) nunca deben efectuarse mientras el comercio esté abierto. Nada disuade más aun posible cliente que la contemplación de un dependiente fregando la tienda.

¿VALEMOS PARA LO QUE HACEMOS?

Una de las claves del éxito en cualquier trabajo es la autoestima. Quererse a uno mismo ni es egoísmo ni algo enfermizo, sino algo fundamental e imprescindible. La autoestima laboral es la conciencia de la propia competencia, el conocimiento de que somos capaces de desempeñar nuestra labor. Si carecemos de este sentimiento, tendremos problemas.

¿Por qué necesitamos la autoestima?

La noción del propio valor eleva nuestro estado de ánimo, aumenta nuestra alegría vital y el sentimiento del propio poder. Ello hace que se refuerce nuestras capacidades de toma de decisiones y de rendimiento. Si hacemos una baja valoración de nosotros mismos, experimentaremos inseguridades a la hora de tomar decisiones, tendremos miedo a arriesgarnos y nos convertiremos meros autómatas o trabajadores aptos para cumplir una orden, pero incapaces de gestionar o dirigir.

El círculo vicioso

Este proceso es rápido y puede funcionar en los dos sentidos. Una autoestima negativa induce con facilidad al error, lo que nos hace sentir aún más incapaces. La seguridad, en cambio, nos hace vencer obstáculos y sentirnos mejor y más capaces.

Características de la autoestima positiva

Nos ayuda a defender nuestros principios y valores, y nos permite rectificar y reconocer el error, si se da el caso, sin mayor merma para nuestro ego. Si pensamos que somos buenos en lo que hacemos será más fácil y frecuente que disfrutemos con nuestro trabajo. Nos hace también desligarnos de lo que sucedió (errores anteriores) y de lo que sucederá (miedo a errores futuros) y nos permite centrarnos más en nuestra actividad esencial, porque el trabajo que hacemos, lo hacemos hoy. Además, la confianza en nosotros mismos impide que los demás nos manipulen y ayuda a que desarrollemos una personalidad y un estilo de trabajo propios.

La autoestima en la empresa

Se ha demostrado que los trabajadores con un alto nivel de confianza en sí mismos rinden más y de manera más eficaz. Las empresas deben velar por la salud anímica de sus empleados, poniendo a su alcance los recursos necesarios para su mejora, mediante talleres, seminarios, etc. La formación ayuda a que el trabajador sienta que conoce y domina lo que hace y lo haga con mayor gusto. Los boletines, periódicos u otros sistemas informativos internos de una empresa hacen sentir mejor a sus empleados, que se consideran así parte más integrante de la misma.

ADICTOS AL TRABAJO

A la gente no le gusta trabajar. O, al menos, a la mayoría de la gente. Pero siempre hay excepciones a las que no sabemos si admirar o compadecer. Una de ella es la de los adictos al trabajo, esas personas obsesionadas con trabajar más (no siempre necesariamente mejor) y que son incapaces de desconectar de sus ocupaciones. Acaban careciendo de vida interior, descuidan sus otras obligaciones, prestan poca atención a sus familias y acaban mostrando conductas patológicas que se agudizan con el paso del tiempo.

¿Cómo se llama esta patología?

No tiene aún un nombre aceptado como enfermedad del comportamiento. En inglés se ha popularizado el término «workaholic», algo así como «alcohólico del trabajo». En castellano podríamos emplear el término «laboradicto» o, si queremos ser más coloquiales, «currópata».

¿Cómo saber si lo eres?

Éstos son algunos de los síntomas o rasgos de conducta que nos permiten diagnosticarnos y saber si estamos en peligro de convertirnos en esclavos de nuestro trabajo.

1.-Trabajamos más horas de las obligatorias.

2.-Llevamos trabajo a casa.

3.-Hablamos largamente de lo que hemos hecho o lo que vamos a hacer en el trabajo.

4.-Comemos rápidamente, para poder seguir con lo que estábamos haciendo.

5.-Trabajamos contra reloj.

6.-No delegamos, porque nadie lo hará tan bien como nosotros.

7.-No cogemos las vacaciones que nos corresponden.

8.-No tenemos otra afición que nuestro trabajo.

9.-Reducimos nuestros viajes y nuestra vida social.

10.-Olvidamos cumpleaños, aniversarios y otros compromisos familiares.

11.-Elegimos a nuestras amistades de entre nuestros compañeros de trabajo.

12.-En el hogar, consultamos repetidamente nuestro correo electrónico y tenemos el móvil siempre a mano.

¿Qué consecuencias podemos temer?

Está demostrado que este problema no es para tomarlo a la ligera. El personaje típico del cine, el policía hábil en su trabajo pero que regresa a una casa vacía y abre una nevera donde no hay más alimento que un *sándwich* caducado, no es un concepto de ficción: está tomado de la realidad. Aunque no aparezca claramente en las estadísticas, la adicción al trabajo es causa de innumerables divorcios y ha provocado la destrucción de muchas familias. Además, origina en muchos casos enfermedades físicas y psicosomáticas.

¿Cómo combatir esta tendencia?

Hemos de aprender a apartarnos totalmente de nuestro trabajo: imposibilitarnos físicamente el ponernos a ello. Deberemos fijar unas horas para la familia y no interrumpirlas bajo ningún concepto. En el trabajo, llamaremos a casa con frecuencia, para estar conectados con lo que allí sucede. Además, nos obligaremos a delegar trabajo. Respetaremos las horas mínimas de sueño. Practicaremos algún deporte, preferiblemente al aire libre. Buscaremos algún *hobby*, y nos fijaremos metas en él. Si todo esto no da resultado, siempre podemos buscar ayuda profesional, antes que anular nuestra vida en aras de una remuneración o un reconocimiento que no siempre serán justos ni nos satisfarán.

RUIDO EN EL TRABAJO

Ruido es todo aquel sonido indeseado o desagradable. Puede ser molesto y afectar a nuestro rendimiento laboral, limitando nuestra capacidad de concentración. Al dificultar la comunicación y la percepción de las señales de alarma puede contribuir a aumentar los accidentes de trabajo. Por no hablar de que nos hace perder sentido del oído y provocarnos otros problemas de salud crónicos.

Exposición al ruido

Si es durante un breve tiempo puede causar pérdida temporal de audición. Un ruido excesivo o prolongado puede hacerla permanente. La tensión que genera puede provocar trastornos de estómago y nerviosos, insomnio y cansancio. La productividad disminuye y aumenta el ausentismo. El riesgo estriba en que los trabajadores se adaptan al ruido, acostumbrándose a leer los labios de los otros. No son conscientes del nivel acústico que soportan y, por ello, no intentan cambiar este estado de cosas.

Medición

Un ruido puede molestarnos tanto por su volumen como por su frecuencia. La intensidad del ruido se mide en decibelios. Un pequeño aumento en decibelios equivale a un gran aumento del nivel de ruido. El aparato empleado para la medición es el sonómetro. Si no podemos conseguir uno, el procedimiento para medir el ruido de nuestro entorno laboral es el siguiente: nos colocamos a la distancia de un brazo de nuestro compañero de trabajo más próximo. Si no podemos hablar con él en un tono normal es que el nivel de ruido es demasiado elevado. Durante una jornada laboral de ocho horas se considera que el nivel de ruido aceptable está entre 85 y 90 decibelios. Los trabajadores expuestos a niveles de ruido superiores a los 95 decibelios deben estar dotados con sistemas de protección para los oídos y tienen derecho a rotar en su puesto, para que no estén expuestos más de cuatro horas al día.

Métodos de control

El mejor método es controlarlo en su fuente. Si el ruido procede de máquinas hay que hacer hincapié en las actividades de mantenimiento, lubricado y sustitución periódica de piezas. Esto compete a los propietarios, pero el trabajador puede insistir en ello. También sirven las barreras reductoras de sonido entre el trabajador y la fuente, así como un distanciamiento mayor. Si se emplea protección para los oídos es preferible que sean orejeras, en lugar de tapones. Ha de haber repuestos, para casos de deterioro u olvido. Debe conocerse el grado de protección acústica que facilitan. Las zonas de mayor peligro acústico dentro del recinto deben estar debidamente señaladas.

Consejos útiles

Estemos atentos a indicios de pérdida de audición. Exijamos de sindicatos y empresas para que se midan los ruidos en el lugar de trabajo. Comparemos los resultados con la legislación vigente. Organicemos un código de alarmas no verbales para casos de peligro.

TÉCNICAS PARA CONVENCER

Se trate con jefes, iguales o subordinados, en cualquier ocupación es importante conseguir que se respete y se tenga en cuenta nuestra opinión. Debemos ser cuidadosos, sin embargo, porque a la persuasión y a la manipulación las separa una línea muy fina.

La forma

Para conseguir que se oiga nuestra voz hemos de emplear varios recursos. Un buen estilo es imprescindible. Muchas veces la clave del éxito no está en lo que se dice sino en cómo se dice. Las buenas ideas pobremente expresadas o confusas no suelen prosperar. La retórica ha estudiado desde antiguo los recursos para convencer y nosotros debemos aprovechar esta sabiduría. Hemos de aunar nuestra credibilidad, la atmósfera y el momento adecuado para transmitir el mensaje y la solidez de nuestros argumentos.

La posición del otro

Se debe identificar qué es lo que mueve los sentimientos de nuestros interlocutores y emplearlos para persuadirles. Se debe aportar algo a los demás:

transmitir la impresión de que no sólo nosotros nos beneficiaremos si se adopta nuestra postura en cualquier tema: ellos también lo harán. Hablemos de lo que el otro obtendrá.

Convicción

Difícilmente triunfaremos si no parecemos convencidos de lo que decimos. Aumentemos nuestra credibilidad. Pongamos ejemplos de lo que decimos. Aseguremos nuestra certeza en el éxito. Transmitamos confianza en nosotros y en nuestra actividad.

Interpretación de símbolos

Hemos de saber cuándo estamos convenciendo. Se ha de aprender a leer el lenguaje de los gestos del otro: expresiones verbales de desacuerdo, signos de impaciencia, distracciones. comentarios excesivos... todo esto nos puede indicar que nuestra estrategia no funciona como debiera.

Principios de influencia

Son los elementos que ayudan a convencer. La *autoridad* de tu puesto o experiencia hace a la gente más receptiva a tu mensaje: márcala educadamente, pero con firmeza. La *coherencia* es imprescindible: al menor error en nuestra argumentación nuestra idea perderá solidez. La *simpatía* es un factor distinto, pero eficaz: la gente escucha con mejor predisposición las ideas de la gente agradable. La *validación social* ayuda a persuadir. Si muchos han aceptado algo, probablemente será bueno: así es como piensa la gente. Aprovecha este fenómeno y presenta casos y ejemplos en los que tu idea o proyecto haya funcionado satisfactoriamente.

Provocar ideas

Es interesante que los demás lleguen a tus conclusiones por sí mismos. Mediante preguntas puedes conseguir que vean las cosas a tu manera y las sientan como suyas. ¿Has pensado en la posibilidad de hacer esto? ¿Cómo lo harías tú? ¿Qué te parece mi propuesta? Este tipo de preguntas son positivas. Indican que te importa su opinión y raramente generan una respuesta negativa.

Vencer resistencias

En todo debate o intercambio de opiniones debes estar dispuesto de antemano a ceder hasta cierto punto. Pero puedes suavizar los enfrentamientos mediante un cuidadoso uso del lenguaje. Hay que evitar siempre aquellas palabras que sugieren una orden directa o la jerarquía de mando: "debe hacer", "obligación", "tiene que", etc. Por el contrario, interpretamos todo lo indica labor en común como positivo: "labor conjunta", "intercambio", "opinión", etc. Hay que evitar los enfrentamientos directos y las discusiones. Nunca hay que decir al otro que está equivocado. Es más hábil decir algo del estilo de "También se puede ver este asunto desde otro punto de vista".

LÚCETE EN UNA ENTREVISTA

Has estudiado durante años, te has preparado, has adquirido experiencia y estás dispuesto a enfrentarte a una entrevista de trabajo. Tu futuro puede depender de ella y estás dispuesto a dar lo mejor de ti y causar una excelente impresión. Algunos consejos generales te pueden servir.

Imagen profesional

Tu objetivo ha de ser presentarte como el candidato preciso que la empresa está buscando. Has de ser consciente de tus capacidades, tus puntos débiles y tus posibilidades de formación. Pero es esencial que sepas qué quieren ellos.

Investigación

Debes conocer los criterios y preferencias de la empresa a la que aspiras a pertenecer. Entérate de lo que hacen, de cuáles son sus productos y servicios, dónde radican sus intereses. Cuanto más sepas de ellos, más fácil te será preparar la entrevista e impresionarles.

Actitud positiva

Tan importante o más que la higiene, el atuendo o las normas de cortesía es la actitud positiva. Muestra interés y entusiasmo por el trabajo del que se trata y afirma tu capacidad de llevarlo a cabo o de aprender cualquier técnica que se te pida. No te cohíbas ni muestres miedo o timidez. Una actitud simpática y vital te ayudará mucho en los primeros minutos de la entrevista, que es cuando se decide si alguien es o no un candidato al que se deba considerar.

Práctica

Es conveniente comportarse con desenvoltura y hablar con fluidez y aplomo. Ejercítate delante del espejo para asegurarte de que tus gestos son naturales. Grábate y escúchate luego, para acostumbrarte a un tono de voz agradable y para controlar tu velocidad al hablar. Imagina qué te pueden preguntar y practica las respuestas.

Preguntas más comunes

Cada empresa es un mundo. Pero existen preguntas esenciales a las que te puedes tener que enfrentar y es mejor que las conozcas de antemano y tengas una respuesta preparada. He aquí algunas de las más frecuentes:

¿Cuáles son sus puntos fuertes y débiles?

¿Qué considera un éxito o un fracaso en una actividad concreta?

¿Ha tenido fracasos en empleos anteriores?

¿Cómo le han afectado y que ha aprendido de ellos?

¿Tiene experiencia de hablar en público?

¿Qué puede ofrecer a nuestra empresa?

¿Por qué eligió la universidad o la escuela en la que se formó?

¿Por qué eligió esta profesión?

¿A qué actividades extracurriculares se dedica?

¿Cuáles son sus expectativas laborales para dentro de diez años?

¿Cuál es su rendimiento bajo presión?

¿Ha facilitado alguna solución drástica a algún problema concreto?

¿Qué aspecto es el que más le gusta de su trabajo?

¿Qué tipo de jefe prefiere?

¿Podría ocuparse de varias labores a la vez?

¿Tiene capacidad para trabajar en equipo?

¿Tiene objeciones a hacer horas extraordinarias, a viajar o a traslados?

¿QUÉ ES UN AUTÓNOMO?

Autónomo significa "trabajador por cuenta propia", esto es: no contratado por nadie. Él mismo es su propia empresa. Realiza de forma habitual, personal y directa una actividad económica con una intención lucrativa, sin sujeción a un contrato de trabajo.

Requisitos

Las personas físicas (a diferencia de las sociedades o empresas) sólo deben cumplir los trámites administrativos correspondientes al tipo de actividad que hayan elegido. No necesitan aportar ningún capital mínimo para dar comienzo a su actividad.

Responsabilidad ante terceros

Al ser ellos directores, por así decirlo, de su propia empresa unipersonal, asumen un riesgo ilimitado ante sus clientes por la calidad del trabajo que realizan.

Inicio de la actividad

El trabajador que vaya a comenzar una actividad

económica debe darse de alta en el Censo de Empresarios, Profesionales y Retenedores. Se hace mediante la declaración censal de alta, modelo 036. Con el mismo impreso se puede comunicar cualquier modificación de datos incluidos en el alta y también la baja en la actividad.

Alta

La declaración de alta se ha de entregar antes del comienzo de la actividad. En ella se comunica el Número de Identificación Fiscal (NIF), la información relativa sobre qué tipo de actividad se va a desarrollar y el régimen de IVA por el que se opta: General o Especial. Este impreso cumplimentado se puede entregar en la Delegación de la Agencia Estatal de la Administración Tributaria correspondiente al domicilio fiscal. También se puede presentar por vía telemática en la página *web* de la Agencia Tributaria.

Impuestos

Los autónomos están exentos del Impuesto de Actividades Económicas (IAE), pero siguen teniendo obligación de presentar una declaración de alta del Impuesto. Las personas físicas tributan por actividades empresariales o profesiones en el Impuesto de la Renta de las Personas Físicas (IRPF). Deberán efectuar cuatro pagos fraccionados trimestrales como adelanto de las cantidades gravadas en el Impuesto. Al hacer su Declaración de la Renta anual se ajustan las cantidades pagadas y, si se hubiese pagado de más, se reintegra esa cantidad al trabajador. El pago debe hacerse entre los días 1 y 20 de abril (primer trimestre), julio (segundo trimestre) y octubre (tercer trimestre). El cuarto trimestre se paga en enero del año siguiente. En los regímenes de estimación directa se utiliza el modelo 130 y en la estimación objetiva (hecha por módulos en función de unos parámetros fijados de antemano), el 131. Los autónomos están asimismo sujetos a la obligación de declarar el IVA con que gravan sus actividades.

Más información

Todos los detalles del régimen de autónomos aparecen explicados en la página **www. autonomoscm.org/**. En esta página se pueden también descargar todos los modelos y formularios necesarios para la actividad.

REUNIONES EFICACES

¿Es una necesidad, una moda o un poco de las dos cosas? El caso es que en todo tipo de empresas cada vez es más frecuente que empleados y jefes estén más y más tiempo "reunidos". Parece un símbolo de prestigio y se asume automáticamente que son necesarias y de utilidad. Pueden serlo, pero deben cumplir unos fines y ajustarse a unas pautas.

Lo que no deben ser

La regla de oro es que no se deben convocar para informar de temas al personal de la empresa. Existen medios mucho más rápidos y eficaces de transmitir información. Las reuniones tienen un coste, son horas de trabajo y hay que rentabilizarlas al igual que las otras horas. Así es que no hay que convocar reuniones casi para cualquier cosa. Tampoco deben superar las dos horas de duración.

Lo que deben ser

Debemos recordar que la finalidad esencial de las reuniones es tomar decisiones. Para ello es preciso un trabajo previo. Los que asisten a ella deben saber de qué se va a tratar, tienen que haber reflexionado sobre los asuntos previstos y han de tener de antemano los datos o documentos necesarios

El decálogo de la reunión perfecta.

1.- El convocador debe asegurarse de la disponibilidad de todos los asistentes. Éstos deben ser únicamente aquellos a los que concierna el asunto. Hay que evitar las reuniones muy numerosas.

2.- Se debe ser estricto en cuanto a la puntualidad. Deben evitarse asimismo, todo tipo de interrupciones. No es aconsejable permitir que algún participante se ausente antes de terminar. En general, aunque exista confianza entre los participantes, suele ser más práctico un tono formal y actitudes de respeto.

3.- Deben existir unos objetivos definidos sobre qué temas se han de tratar y qué decisiones urgen.

4.- Ha de existir un programa de temas, un orden del día limitado que permita resolver asuntos en un tiempo prudencial.

5. Los temas se tratarán empezando por los más importantes y se dará opción a que los participantes presenten al final algún asunto que requiera atención.

6.- Se debe facilitar a los miembros toda la información documental necesaria para que puedan prepararse y contribuir positivamente a la discusión.

7.- Un secretario tomará notas de los miembros presentes y las decisiones que se tomen. Posteriormente enviará a éstos dichas notas, por si hubiera discrepancias o rectificaciones. Al inicio de cada reunión se deben aprobar las actas de las reuniones anteriores, si fueran correctas.

8.- El convocador o moderador deberá asegurarse de que no se desvía la conversación de los temas previstos.

9.- El convocador expondrá brevemente el asunto a tratar y pedirá opiniones. Se hablará por turnos y solicitándolo: la interrupción a los compañeros provoca confusión y retrasos.

10.- Si los participantes con criterios opuestos no llegan a un acuerdo mediante la discusión, es aconsejable la votación, para evitar argumentos interminables. En caso de empate, el director o coordinador tendría el voto decisivo.

CUÁNTO SE GASTAN EN NOSOTROS

A medida que cambian y se modernizan los métodos de trabajo, las empresas deben procurar que sus empleados se formen y actualicen. Tienen la obligación social de invertir en la formación de su personal. Además, esto suele ser rentable, pues unos trabajadores hábiles y capaces aumentan claramente el rendimiento de la firma. Pero no siempre se cumple por completo esta norma.

Promedio de inversión

Según el estudio "Estado del arte de la formación en España", elaborado por la consultora Élogos, la cantidad media anual que las empresas españolas se gastaron en formación durante el año pasado fue únicamente de 327 euros por empleado. El parámetro para evaluar esta cantidad es la de otros países europeos, en donde la cantidad invertida oscila entre los 600 y los 1000 euros.

Una situación desalentadora

El promedio de inversión está aumentando, pero de una manera muy lenta. Según estudios de años anteriores, en el 2004 y 2005, más del 60% de las pequeñas y medianas empresas no organizaron actividad formativa alguna. Muchas de las que tuvieron lugar fueron proyectos aislados, ya que las empresas no suelen establecer un presupuesto destinado a la formación al principio de su ejercicio.

Responsables

Pese a que estas cifras no muestran una situación óptima, los estudios indican que las actividades de formación, cuando tienen lugar, han sido sugeridas por el empresario y sólo en contadas ocasiones por el trabajador.

Un cambio de mentalidad

La mayoría de los trabajadores consideran estas prácticas como una opción no especialmente atractiva. A lo sumo son para ellos una manera de sustituir horas de trabajo regular por prácticas o clases. Los empleados se resienten cuando tienen lugar fuera del horario laboral o cuando les suponen efectuar desplazamientos. No las ven como una manera de mejorar sus capacidades a costa de la empresa. Consecuentemente, no las exigen y no preguntan sobre su existencia a la hora de aceptar un empleo.

Resultados

En líneas generales, los trabajadores que han participado en cursos de formación de diversa índole dicen sentirse contentos con el adiestramiento recibido. Han valorado positivamente a profesores, métodos de enseñanza, materiales, etc. No obstante, los formadores consideran que los empleados no sacan de la formación todo el partido posible.

Dificultades

Muchas empresas pequeñas no disponen del debido acondicionamiento para impartir cursillos y han de alquilar locales, lo que encarece los cursos. Lo mismo sucede con las herramientas tecnológicas. Otra barrera es la falta de información. Muchas de las pymes que no enviaron empleados a los cursos de formación de los organismos oficiales, alegaron no haber recibido información sobre los mismos. La inexistencia de un encargado de actividades de formación en las empresas crea dificultades añadidas, al diluirse la responsabilidad y no establecerse claramente qué directivo concreto debe tomar la iniciativa.

HIGIENE LABORAL

Se considera higiene del trabajo el conjunto de normas y procedimientos para la protección de la integridad física y mental del trabajador, preservándolo de los riesgos de salud inherentes a las tareas que ejecuta y al ambiente donde se llevan a cabo. Es un complemento indispensable a la seguridad en el trabajo, por lo que entendemos las medidas de prevención de accidentes.

Objetivos

Los objetivos de la higiene del trabajo son esencialmente cuatro: 1) Eliminar las causas de las enfermedades profesionales; 2) Reducir los efectos perjudiciales provocados por el trabajo en personas enfermas o con defectos físicos; 3) Prevenir el empeoramiento de enfermedades o lesiones; 4) Aumentar la productividad mediante el control del ambiente de trabajo. Esto se logra alertando a los miembros de la empresa de los posibles riesgos y manteniéndose alerta ante ellos.

Un plan organizado

Las empresas deben contar con adecuados servicios médicos y también servicios de enfermería y primeros auxilios. Deben existir exámenes médicos de admisión, revisiones periódicas, vinculación con hospitales de prestigio y registros médicos adecuados. También conviene que las empresas organicen programas informativos destinados a mejorar los hábitos de vida y a explicar asuntos de higiene y salud a sus empleados.

Condiciones laborales

La higiene del trabajo se ocupa de las condiciones ambientales del trabajo. Los elementos más importantes de estas condiciones son tres: iluminación, ruido y condiciones atmosféricas.

Iluminación

La cantidad de luminosidad de un lugar de trabajo debe ser sobradamente suficiente. Tiene, además, que hallarse uniformemente distribuida y ser constante. Toda variación lumínica afecta negativamente al trabajador y a su rendimiento.

Ruido

Se considera como ruido cualquier sonido no deseado. Sus efectos desagradables dependes de la intensidad del sonido, de la variación de los ritmos o irregularidades y de la frecuencia o tono de los ruidos. La intensidad del sonido se mide en decibeles. Según la legislación laboral vigente, el máximo de intensidad de ruido permitido en un ambiente de trabajo no debe superar los 85 decibeles. Por encima de esa intensidad se perturba la concentración del trabajador y pueden aparecer cefaleas y otras perturbaciones.

Condiciones atmosféricas

Los factores atmosféricos que inciden en el desempeño de un trabajo son principalmente la temperatura y la humedad. En los trabajos al aire libre no se pueden controlar, pero en las ocupaciones de interior debe cuidarse que estos parámetros se mantengan fijos y dentro de unos límites adecuados. Es importante también la ventilación del lugar de trabajo.

Más condiciones

Existen otros factores que pueden influir positiva o negativamente en la salud del trabajador y que las empresas deben ponderar: la duración de la jornada de trabajo, las horas extras, la frecuencia y duración de los periodos de descanso, las exigencias de en el atuendo, etc.

TRABAJADORES DE EDAD AVANZADA

Nuestro mundo está sometido a continuas y rápidas modificaciones. En las empresas los cambios afectan a los métodos de trabajo y al estatus profesional de los empleados. Las nuevas tecnologías obligan a una puesta al día continua y los trabajadores han de lograr nuevas habilidades. Los trabajadores de edad tienen aquí más problemas que los jóvenes.

Causas de resistencia al cambio

Son varias. En general, la persona de edad ve cualquier cambio como una amenaza a su posición. La idea de que no se podrá aprender una nueva tecnología o simplemente una manera diferente de funcionar desmoraliza al trabajador. Surge en él el miedo al fracaso. Una modificación en el método de funcionamiento se percibe como una amenaza para el propio puesto de trabajo, lo que genera una ansiedad que no permite un buen rendimiento.

Prejuicios

Las personas que llevan bastantes años de vida

laboral asocian la informática, la robótica y en general las nuevas tecnologías con la disminución de los puestos de trabajo y el riesgo de despido. Las ven como una amenaza a su capacidad, por lo que se resisten inconscientemente a aprender.

Problemas reales

Las estadísticas demuestran que las personas de edad tienen mayores problemas que los jóvenes a la hora de adquirir nuevos conocimientos. Si la fase de transición de un método de trabajo a otro no es grande, son más propensos a cometer errores. Además, se consideran expuestos a una situación de competitividad con gente más joven. Muchas veces los sistemas de enseñanza no son los adecuados para gente adulta. Tampoco se suele informar adecuadamente al trabajador de cuáles son las ventajas reales que pueden traen los nuevos métodos (aumento de la productividad, reducción de los accidentes de trabajo, acortamiento de la jornada, etc.).

Elementos a favor

Pese a lo antedicho, las personas de edad tienen capacidades que pesan en su favor a la hora de cambiar los procedimientos de trabajo. Las empresas deben conocerlas y aprovecharlas. La gente de edad cuenta con experiencia sobre la que basar los nuevos conocimientos. Sus años de trato con numerosos compañeros los preparan mejor para el trabajo en equipo. El temor de quedar desfasados se convierte también en una motivación para la formación.

El mejor camino

Para la mejor adaptación de este colectivo a los nuevos métodos las empresas han de tener en cuenta varios aspectos: las personas de edad aprenden mejor cuando no tienen que recurrir a la memorización. Deben aprenden a su propio ritmo y a través de la actividad concreta, más que mediante clases teóricas. Los nuevos conocimientos deben vincularse con los antiguos, para que se puedan integrar en un sistema conocido. Los métodos audiovisuales suelen ser muy efectivos en estos casos. Lo aprendido debe poder aplicarse de inmediato a la práctica laboral. Los programas de formación deben diseñarse para que no sean competitivos y no se considere la posibilidad de fracaso.

EL SÍNDROME DEL DESPEDIDO

Perder el empleo es algo muy común: nos pasará más tarde o más temprano.

No todo el mundo está mentalmente preparado para esta situación.

¿Cómo combatir la depresión que nos invade?

Encontrarse de pronto sin trabajo es una situación muy delicada, no sólo económica y profesionalmente: también en lo personal. Tanto si has sido despedido junto con muchos otros como si te ha ocurrido a ti solo, es algo que **afectará drásticamente a tu estado de ánimo**. Cuando la sociedad nos niega nuestra capacidad de ganarnos la vida pasamos por una serie de etapas emocionales.

Las etapas de la frustración

Son esencialmente seis. 1) *Shock*, **sorpresa**. Aunque hayamos intuido que perderíamos nuestro empleo, cuando sucede siempre nos pilla desprevenidos. 2) **Confusión**. ¿Por qué me ha ocurrido a mí?, nos preguntamos. 3) **Ira**. Sufrimos una violenta reacción de odio contra quien nos priva del sustento a nosotros y a nuestra familia. 4) **Resentimiento**.

Nos arrepentimos de haber trabajado bien para una empresa desagradecida. 5) **Aceptación.** Nos resignamos a lo inevitable y decidimos pasar página. 6) **Un plan positivo.** Emprendemos la búsqueda de un nuevo puesto.

Pasar por estas fases **toma su tiempo.** Y hay que saber en qué fase se está, pues si acudimos a una entrevista de trabajo todavía profundamente indignados por la injusticia que se nos ha hecho, ese **sentimiento anti-empresa** trasciende y puede perjudicarnos a los ojos de unos posibles nuevos contratadores.

Las empresas rehúyen a los candidatos enfadados.

Por eso, si no nos hemos repuesto de la frustración, debemos ser muy cuidadosos y ocultarlo. En una entrevista es inevitable que se nos pregunte por nuestro trabajo anterior o incluso por las causas del despido. **Nunca debemos sacar nosotros el tema** y, si sale, tenemos que tener **ensayadas las respuestas** y hasta la cara que vamos a poner.

Para curarnos psicológicamente de un despido hemos de convencernos de que no todo era perfecto. Una **lista escrita** de todos los puntos negativos del trabajo perdido puede ayudarnos mucho a mantener nuestra autoestima. Igualmente es beneficioso recordar las cosas buenas que hemos hecho y lo que hemos aprendido, considerando que toda nuestra experiencia nos ayudará en el futuro.

En cuanto a los remedios concretos para 'curarnos' de un despido, podemos experimentar con varios. Desahogarnos escribiendo **duras cartas de justificación** —que no mandaremos— a nuestros antiguos jefes. Aceptar que es normal sentir depresión y procurar superarla mediante el procedimiento de vivir día a día, sin pensar demasiado en el futuro a largo plazo. Procurarnos ayuda profesional. **Darnos 'un respiro'** y concentrarnos en actividades que nos gusten (lectura, cine, deportes) durante un tiempo. Hay que recordar que muchos despedidos han conseguido un trabajo mejor que el que tenían. Y, sobre todo, **ser proactivos** en la búsqueda de empleo, ya que la actividad es lo más indicado para combatir la depresión.

COMIDAS DE NEGOCIOS

Muchas grandes decisiones se toman ante una buena mesa.

Tu habilidad social y tu cortesía pueden decidir a tu cliente.

Sin embargo, se suele carecer de preparación formal para este tipo de trabajo.

Es cada vez más frecuente que muchas transacciones y acuerdos comerciales se hagan fuera de los recintos de trabajo convencionales. Si se puede tomar una decisión practicando un deporte o ante unas cervezas, ¿por qué hacerlo en el frío ambiente de un despacho? Las empresas buscan rentabilidad para sus productos, se consiga donde se consiga.

Por eso las comidas de negocios son cada vez más frecuentes y no sólo entre altos directivos. Si te ves en esa situación no estará de más que conozcas algunas de las leyes no escritas de este singular protocolo protocolo.

Durante la comida presta total atención a la otra parte. No mires en derredor, pues transmitirías la impresión de que estás buscando otras opciones. Nada hay más desagradable que hablar con alguien que no nos atiende plenamente.

Sé puntual. Aunque parezca evidente esta regla no siempre se cumple. No apures tu tiempo en la empresa antes de acudir a tu compromiso. Llega con antelación al sitio fijado, llévate algo de leer y espera.

Prescinde de móviles. Una conversación interrumpida por una llamada es en extremo perjudicial para tus intereses. Parece que el resto del mundo es más importante que tu interlocutor. Además, la gente importante desconecta. Si te vea obligado a contestar a una llamada, quiere decir que eres el esclavo de alguien, lo cual no ayudará a tu capacidad de negociación.

Si eres mujer, recuerda que los principios de galantería no se aplican en estos casos. Deberás levantarte a estrechar la mano de tu cliente. No esperes nim potencies ningún trato de favor.

Los psicólogos hablan mucho de la manera de estrechar la mano. Hazlo con firmeza, pero sin tardar mucho. Evita el sudor y la sensación de flacidez o el ademán de rehuir el contacto: eso transmite la impresión de que no eres de fiar.

Recuerda que tus primeras palabras serán las que te definan. Procura usar los nombres propios de tus interlocutores. Si hay varias personas, para el orden del saludo recuerda que el rango es más importante que el género. No saludes a una secretaria antes que a su jefe.

No pretendas hablar inmediatamente de negocios, pero sé prudente con las conversaciones intrascendentes y no las alargues mucho. Hay personas que valoran excesivamente su tiempo. Sé profesional y no entres en detalles personales. A nadie le importa realmente tu vida privada ni la de tu familia.

Si la reunión la has convocado tú, eres el responsable de pagar la cuenta. No hay excepciones a esto, por mucho que los otros insistan. Si es la otra parte la que ha sugerido la comida, pero te han dado buenos consejos o cualquier tipo de ayuda profesional, es también adecuado que seas tú quien pagues. Hazlo de la manera menos obvia posible.

Es esencial mantener el equilibrio entre eficacia profesional y disfrute.

Cuida los modales y todo el protocolo de vasos, cubiertos, etc. Procura ir a la par con los otros comensales en cuanto al ritmo. Si hablas más que ellos, tardarás más en acabar tu plato ellos tendrán que esperarte, lo que les hará disfrutar menos de la comida. Evita también sugerirles platos e insistir en que prueben algo concreto.

Conviene también mandar un recordatorio del encuentro. Bastará una breve nota de agradecimiento, expresando cuánto disfrutaste con su compañía. Si llegaste a algún acuerdo, esto servirá para que agilicen lo que se han comprometido a hacer. Si no se concretó nada, dejará constancia de tu educación y un buen recuerdo, lo que te puede facilitar los tratos en un futuro.

AMIGO DEL JEFE

¿Eres un enchufado en la empresa?

Ya tienes el puesto pero ¿qué va a pasar después?

Pros y contras de una situación falsa.

Los enchufes son un mal endémico del mercado de trabajo. Todos lo reconocemos así. Pero en la vida real no nos desagrada que un amigo nos proporcione un buen trabajo que quizá no merecemos. O, si somos nosotros los contratadores, ¿cómo negarle una oportunidad al querido Fulanito?

Aunque hay empresas donde está tácita o explícitamente prohibido contratar a gente conocida, en la mayoría de ellas se dan estos casos. De hecho, el número de empleos obtenidos mediante contactos familiares o de amistad supera con mucho a todos los otros procedimientos (oposiciones, ofertas directas, etc.).

Puesto que estas situaciones existen, no nos queda más remedio que sacarles el mayor partido posible, sin olvidar que si hemos entrado por enchufe, tendremos que enfrentarnos a muchos problemas.

Inconvenientes:

La posible ineptitud

Es infrecuente que la persona así contratada sea de entrada la idónea para el puesto, aunque puede llegar a hacerlo bien con el tiempo. Lo adecuado sería obtener la especialización que no se tenía en el momento de obtener el puesto, para compensar a la empresa y que no tenga que arrepentirse.

La envidia generada

Los otros trabajadores se resentirán de este favoritismo y puede que le hagan al nuevo la vida difícil. Es importante convencerles de que no eres una amenaza para ellos y que puedes ser una persona con la que sea agradable convivir.

El cambio de actitud

Muchas veces, la amistad previa entre jefe y empleado se acaba enfriando por motivos profesionales y los amigos dejan de serlo. Esto puede deberse a varias causas: el empleado no cumple, presume de sus contactos, se toma excesivas libertades, el jefe nunca le amonesta, no se plantea el despido, etc.

Ventajas:

La compenetración

El amigo del jefe puede ser la persona adecuada

para un equipo de trabajo especialmente delicado. Puede servir para equilibrar un grupo de personas que se escore en exceso hacia una forma de hacer determinada.

Obviamente, no debe haber el más mínimo indicio de un trato de favor continuado.

La confidencialidad

Este sería un punto que valoraría mucho un jefe amigo. Es importante poder confiar en nuestros colaboradores y por eso la relación entre el jefe y el amigo contratado debe ser de total sinceridad. Muchas veces, por falta de cuidado, la amistad se enfría y ello redunda en una mala labor profesional.

El abuso moderado

A un amigo se le puede pedir más en lo referente a horas de trabajo, dedicación, etc. Si se nos ha favorecido a la hora de contratarnos, lo honesto sería pagar en especie y cumplir.

Resumiendo: para conseguir que tal relación laboral funcione es preciso que las cosas estén claras desde un principio y que cada uno sepa en qué lugar está y respete sus límites. Esto ha de hablarse con claridad. La exigencia por parte del jefe y el cumplimiento por parte del trabajador ha de ser igual que con los otros, para no herir susceptibilidades. Al resto de la plantilla se le han de explicar las razones de la contratación y el nuevo empleado deberá cuidar especialmente esas relaciones.

VESTIDO PARA MATAR

Es una frase hecha y muy generalizada, pero que refleja de manera adecuada una de las características de nuestra sociedad actual: nos impresiona la imagen, nos dejamos arrastrar por las apariencias. En tu búsqueda de empleo, si eres hábil, deberás hacer que este factor juegue a tu favor.

Por ello, para una entrevista deberás prepararte no sólo mentalmente, sino también desde el punto de vista de tu atuendo y apariencia. Un vestido adecuado no te hará obtener en el empleo, por supuesto, pero una inadecuado sí puede hacer que lo pierdas.

En ocasiones las empresas proyectan una imagen de cercanía e informalidad, pero no debemos engañarnos: suele ser una estrategia de márquetin. Un producto puede anunciarse con unos modelos despeinados o mal vestidos, pero no es eso lo que la empresa quiere ver en sus empleados. No te dejes arrastrar por la modernidad, apuesta sobre seguro y preséntate a la entrevista de una manera pulcra y clásica.

Hombres

Apuesta por las formas tradicionales. Para hombres es siempre apropiado un traje, preferiblemente de colores oscuros y sobrios, y camisa de manga larga. La corbata no debe ser de un color chillón. El cinturón siempre debe combinar con los zapatos.

Mujeres

Las mujeres tienen más opciones. Un traje de chaqueta es siempre algo seguro, pero se pueden combinar otras prendas. Muchos expertos están en contra del pantalón para estas ocasiones, por lo que resulta menos arriesgada la falda. Hay que procurar no exhibir demasiado el cuerpo. Nada de grandes escotes ni minifaldas. Los colores de las blusas deben ser claros. No se recomiendan los tacones altos.

Un truco útil

Visita antes con cualquier pretexto las oficinas o dependencias de la empresa y observa cómo van vestidos sus jefes y personas con responsabilidad. Eso te dará una idea muy clara de lo que les gusta.

Ante la duda, es mejor pasarse de formal que de informal.

Complementos

Recuerda que los zapatos son importantísimos

en tu apariencia. Un buen traje y zapatos viejos o sucios no casan bien. Cuida también del buen estado de bolsos, portafolios, etc. Si usas bolígrafos para tomar notas, cuida de que sean mínimamente elegantes. No abuses de joyas ni brazaletes. Por supuesto, si tienes piercings, tendrás que hacer algo al respecto.

Maquillaje

No ha de abusarse del maquillaje. El lápiz de labios y la sombra de ojos deben ser de tonos discretos. No conviene llevar las uñas pintadas de colores chillones (rojo oscuro, negro). Tampoco es conveniente el empleo de mucho perfume, pues parece que se quieren ocultar malos olores.

Higiene

Completa tu imagen con una higiene cuidada. Un cabello bien peinado, dientes limpios y aliento fresco son un mínimo imprescindible. Procura llevar las uñas cortas. Los hombres con bigote o barba deben recortarlos cuidadosamente. Ni que decir tiene que el chiche está terminantemente prohibido, así como fumar, aunque los entrevistadores te lo ofrezcan.

EL MEJOR DE LOS TEMPORALES

Las empresas de trabajo temporal proporcionan cada vez más trabajadores al mercado.

Si has de estar en sus listas y competir con muchos, debes destacar.

En este artículo encontrarás valiosas claves para conseguirlo

La contratación a través de las empresas de trabajo temporal (ETT) va en aumento. Desde que aparecieron, a mitad de los noventa, estas empresas privadas de búsqueda de empleo son uno de los recursos más inmediatos cuando una compañía necesita a un trabajador. En ella no sólo se gestionan puestos de trabajo, sino que se forma y recicla a los que se apuntan.

Suelen cobrar al contratador entre un 10% y un 15% del salario del empleo que facilitan, pero es ilegal que le cobren cualquier comisión al trabajador. Los sueldos que ofrecen están pactados con los convenios de cada sector profesional. Los datos indican que una de cada tres personas de las que se inscriben consigue un empleo por este medio.

Conseguir que te escojan para un trabajo no depende únicamente de tu expediente. Debes considerar otros factores, como, por ejemplo, la ubicación. No has de escoger la ETT más cercana a tu domicilio sólo porque te sea cómodo. Cada una de ellas tiene un marcado natural y proporciona trabajadores a un ramo específico. Entérate primero de cuál te interesa realmente.

No envíes tu currículo por correo. Procura tener con la ETT un contacto directo: que te vean y recuerden tu rostro. Además, quizá tu currículo no incluya algún dato necesario. Si vas en persona te lo pueden preguntar y tendrás más oportunidades de que te elijan.

Recuerda que ellos precisan de trabajadores con conocimiento real de los oficios. Muchas veces les informamos de nuestros títulos y no de nuestra experiencia laboral o no de toda ella. No caigas en este error.

Cuando te entrevisten en la ETT recuerda que lo hacen muy frecuentemente. Por ello, no tiene sentido mentirles ni exagerar tus capacidades. Es común que hagan pruebas de conocimientos. No hay que apuntarse "a ver qué pasa", sino considerar este paso como una entrevista seria.

Para registrarte: dos fotos, currículo y dos referencias profesionales. Si no has trabajado, el contacto de un profesor puede servir.

Conviene siempre cursar algún tipo de formación adicional, que complemente la que ya se tiene. Las ETT valoran más a los que quieren seguir aprendiendo. El INEM organiza cursos gratuitos destinados a formar trabajadores, no titulados. Si una empresa necesita un vendedor, se ofrecen cursos para formarte como tal.

En cuanto a conocimientos complementarios, los idiomas ayudan mucho, así como los conocimientos de informática a nivel de usuario, algo que muchas veces olvidamos mencionar. Los principales programas que hay que dominar son Word, Excel, Lotus, Access y Power Point.

Las ETT buscan gente motivada, con ganas de trabajar, afán de superación, flexibilidad de horarios, capacidad de adaptación, honestidad y sentido de la responsabilidad. Si proporcionan malos trabajadores, su prestigio disminuye, por lo que es adecuado que sean exigentes.

TRABAJA Y RÍE

El humor es lo más parecido a la felicidad.

Nuestro trabajo se beneficiará de una actitud positiva.

Nuestra jornada laboral se nos hará mucho más corta.

Como dijo Jardiel Poncela: «Me divierte escribir y me pagan para que escriba. O sea: que me pagan para que me divierta.» Ése debería ser nuestro objetivo profesional: poder disfrutar con lo que hacemos.

No todos tenemos la suerte de amar nuestra profesión, pero indudablemente sí podemos hacer muchas cosas para compaginar dar buen rendimiento laboral y pasarlo, al mismo tiempo, lo mejor posible. Esta posibilidad se ha reconocido internacionalmente y ya existe un Día Internacional de la Diversión en el Trabajo (el 1 de abril).

La ciencia nos asegura sin lugar a dudas que la risa tiene efectos muy positivos sobre el organismo: ayuda a liberar endorfinas, reduce el estrés, etc. También los tiene sobre nuestro actividad profesional. Existen estudios recientes que demuestran que el humor fortalece la motivación, favorece el aprendizaje, crea un entorno agradable, hace más fáciles las labores en equipo y aumenta las ventas.

Tres minutos de tango obligatorio al mediodía nos pondrán de buen humor para el resto de la jornada.

Seamos empresarios o empleados debemos beneficiarnos del humor en el trabajo. Podemos ser creativos o recurrir a los ya abundantes libros sobre el tema. Propongámoslo a nuestros compañeros y nos sorprenderá la buena acogida que recibiremos. A fin de cuentas sólo estaremos sistematizando una tendencia ya existente, pues las bromas, los chistes, etc., son cosa corriente en todos los ámbitos laborales.

Algunas propuestas concretas:

Organizar concursos de las fotos más feas de los compañeros, o de cuando eran bebés.

Iniciar las reuniones con una ronda de chistes.

Hacer pequeños obsequios alusivos a las peculiaridades de cada uno.

Organizar días temáticos: todo el mundo con sombrero, con corbatas horteras. lo que sea.

Hacer competiciones de habilidades raras (imitar aminales, mover las orejas, etc.)

Prepararle una inocentada divertida a los más serios de la empresa, procurando, eso sí, no gastar bromas pesadas.

Celebrar la Navidad o cualquier otra fiesta fuera de fecha.

Alterar el orden de las reuniones o de las actividades habituales.

Otorgar vistosos certificados a todos, según sus habilidades, en un acto solemne.

Hacer una búsqueda del tesoro por la oficina, tras haber ocultado algún regalito.

Cantar todos a coro una canción pachanguera todos los días a la misma hora.

Jugarse el café o las cañas a los chinos.

Organizar concursos de aviones de papel o cosas semejantes.

Decorar la oficina de manera estrambótica.

Componer versos alusivos para los compañeros y leerlos en voz alta.

Conmemorar incidentes de poca importancia.

Compartir diariamente chistes y anécdotas.

Cualquier otra cosas rara que se nos ocurra.

INFLANDO EL CARGO

La costumbre no es nueva. Ya Quevedo, en su obra *La vida del Buscón Don Pablos*, dice que el padre del protagonista era barbero pero quería que le llamaran tundidor de mejillas y sastre de barbas. Lo mismo nos cuenta el famoso chiste del basurero portugués que se hacía llamar «Excelentíssimo Senhor Ingenieiro do Carro da Merda». La pomposidad en las designaciones impregna nuestro mundo laboral y todo el mundo quiere tener un título que suene importantísimo. Nos puede la vanidad.

El problema es que esto no es únicamente un esnobismo inofensivo. En muchas ocasiones origina confusión, malentendidos, celos profesionales y toda una amplia gama de conflictos.

Falsos ascensos

Ésta es una de las consecuencias de esta costumbre. Las empresas contentan a sus empleados dándoles importancia con la nomenclatura pero si aumentar ni sueldos ni poder. Lo hacen mediante el aumento de vicepresidencias y la subdivisión de la empresa en secciones que, por pequeñas que sean, pueden aceptar un «director» de sección. En otras ocasiones simplemente inventan nombres rimbombantes que no responden a una labor específica dentro del organigrama de la empresa, tales como Animador Principal, Jefe de Inspiración, Director de Decisiones, Director de Primeras Impresiones, Gerente de Procesos de Cambio, etc. Los empleados que prefieren el respeto al dinero aceptan este trueque y, de alguna manera, renuncian a sus derechos de ascenso o reconocimiento.

Indefinición en la jerarquía

El hecho de que haya demasiados «directores» dentro de una empresa produce enfrentamientos y pugnas por las demarcaciones de influencia, que acaban no quedando claras. Muchos empleados de grandes empresas conocen la posición en ella de su jefe directo, pero no de otros muchos jefes de otras secciones. La gente no sabe cómo dirigirse a cada uno y se cometen faltas contra el protocolo cuando se llama a alguien por el nombre que realmente corresponde a su labor. Las susceptibilidades se agudizan y es muy fácil ofender.

Despiste para el cliente

Los vicepresidentes de hoy ya no son como los de antes. Cuando tratamos con uno de ellos, no sabemos realmente su grado de importancia. Pueden ser empleados de nivel medio con un título hinchado. El cliente cree que le está atendiendo alguien con mucho poder y se siente halagado. Por el contrario, si lo que el cliente quiere es reclamar, el alto título de su interlocutor hace que se cohíba en su presencia. Mirado de cualquier forma, la empresa es siempre la que gana.

DEFIÉNDETE DE LOS ADULADORES

Están ahí. Todos los conocemos. Son los típicos 'pelotas', de cuyas palabras es mejor no fiarse. Aprende a tratar con ellos.

Ya sean tus subordinados o tus compañeros, los 'pelotas' pueden parecer inofensivos e incluso quizá resulten agradables, pues a todos nos gustan los mimos y los halagos. Sin embargo, no son buenos para ninguna empresa y pueden crear un clima de trabajo tenso y difícil para todos y algún que otro problema concreto para ti.

Características

Pueden alcanzar una posición privilegiada en su lugar de trabajo. Están cerca de los jefes, les ríen las gracias y suelen criticar a los compañeros para quedar bien ellos. Si no te llevas bien con alguno, es muy posible que esté minando su terreno sin que tú te enteres. Los aduladores son hipócritas por naturaleza. Quizá les consideres buenos compañeros, pero ellos usan la mentira y la intriga como instrumento de ascenso profesional. Por lo general son malos trabajadores, vagos e improductivos y emplean su labia para hacerse perdonar estas faltas.

Identificación

Es fácil reconocerlos, aunque no lo es tanto defenderse de ellos. Los más inteligentes emplean técnicas más sutiles: parecen compartir tus ideas, te ofrecen favores no solicitados... Si lo hacen bien, puedes confundir su táctica con la simpatía o la profesionalidad. Hay piedras de toque para descubrirlos: critican a los jefes a sus espaldas, son malos trabajadores en equipo y fuerzan la conversación para hablar contigo de personas o temas determinados.

Formas de defensa

Hay estrategias para desanimar a los 'pelotas' de todos los niveles.

Deja las cosas claras desde el principio, para desanimarles. Indica claramente que no te gustan los halagos.

Si insisten en ellos, sé duro: muéstrate inflexible para hacerles entender que no te gusta su tono. Puedes incluso hacer esto en público, en medio de una reunión formal o informal con otros empleados, para que conste ante todos tu postura.

Si aun así no cambian de actitud, rompe todo tipo de contacto no imprescindible con ellos.

Mantén tus temas en secreto. No les hagas confidencias ni permitas que se enteren de tus gustos o de tu vida privada.

Pon todo por escrito: ideas, propuestas, actas de reuniones... Evita que caigan en la tentación de robarte ideas.

No opines delante de ellos de las capacidades de jefes o compañeros. Ten la seguridad de que distorsionarán tus palabras en su propio beneficio.

Estate a la expectativa. Los aduladores suelen desarrollar animosidad contra aquellos que no los escuchan. No te dejes pisar ni comer el terreno.

ADQUIERE NUEVAS HABILIDADES

Si quieres mejorar en tu vida laboral y como persona, existen cursos especializados especialmente pensados para ello. Piénsatelo.

Tienes tus estudios y tu trabajo. Pero hay muchas habilidades y técnicas que no te enseñaron tus maestros y que cada vez son más necesarias para prosperar en un mundo altamente competitivo. Son complementos útiles para mejorar en cualquier profesión y hasta hace poco sólo se hallaban al alcance de los altos directivos. Hoy ha aumentado su número y todos podemos beneficiarnos de estos conocimientos complementarios que nos harán más capaces como profesionales y más completos como seres humanos.

Los centros que los imparten han pensado en nosotros y nuestras apretadas agendas. Por ello se hacen cursos intensivos (un fin de semana en un ambiente rural), a distancia (mediante Internet o videoconferencia) o a medida (es decir, impartidos en tu misma empresa). Suelen ser seminarios cortos, de un día o dos y mucho más prácticos que teóricos, por lo que el riesgo de aburrirnos es mínimo. Se emplean métodos pedagógicos avanzados y los resultados son muy satisfactorios.

La oferta en abundante en las grandes ciudades.

En otros lugares podemos consultar los programas formativos que organizan las cámaras de comercio o las asociaciones empresariales o profesionales. El precio de los cursos varía según el número de horas y puede oscilar entre los 300 y los 1000 euros. He aquí algunos de los que tienen más demanda:

Hablar en público

Enseña el dominio de la expresión verbal, a planificar discursos, participar en debates, improvisar y controlar los nervios.

Técnicas de negociación

Con prácticas de cómo cerrar ventas, resolver conflictos colectivos, negociar en grupo y mejorar la capacidad de discusión.

Lectura rápida

Adecuados para los que tienen que asimilar un exceso de documentación. Se incrementa la velocidad de lectura, la compresión y asimilación de lo leído.

Expresión personal

Técnicas para mejorar el poder de convicción, el lenguaje corporal y la creatividad, para presentar una imagen dinámica de nosotros mismos.

Gestión del tiempo

Enseña a organizarse, indica cómo evitar las actividades que nos hacen desperdiciar el tiempo y muestra cómo librarse de los malos hábitos de trabajo.

Relaciones públicas

Centrado en técnicas de protocolo. Cómo tratar a distintas personas, cómo quedar bien con poco esfuerzo y cómo ser cercano y asequible con compañeros y subordinados sin perder autoridad.

Capacidad de liderazgo. Métodos para desarrollar las cualidades necesarias en un líder. Cómo motivar a un equipo, cómo hacerse respetar, cómo aumentar nuestra capacidad de persuasión.

Existen, además, otros cursos más especializados que pueden servir a algunos profesionales en concreto: cursos de grafología (para personal de recursos humanos y directivos), cursos para dominar el miedo a volar (para ejecutivos que tengan que viajar frecuentemente), cursos de mejor de la imagen para radio y televisión (para los especialistas en relaciones públicas), etc.

QUE NO TE ROBEN LAS IDEAS

En todas las empresas existen: son compañeros desaprensivos que pueden apropiarse de tus iniciativas para medrar. Tendrás que defenderte.

A todos nos gustaría vivir en un mundo perfecto, donde la bondad y la honradez fueran la tónica. Desgraciadamente no es así: los malvados existen. Puedes encontrarte con ladrones en la empresa en que trabajas. Y te pueden despojar no sólo de tus posesiones materiales, sino de algo mucho más valioso: tus ideas, las creaciones de tu mente.

Es algo muy frecuente, sobre todo en las grandes compañías, en las multinacionales. La razón para ello es que las ideas útiles y prácticas suelen proporcionar poder. Y si hablamos de un sistema de trabajo en común, donde se dialoga y se trabaja en grupo, es muy fácil que alguien presente como suya una propuesta que surgió en una reunión de trabajo y que propuso otro. Los expertos en recursos humanos están preocupados por este problema, que perjudica no sólo al despojado creador de la idea, sino a la empresa misma. Si sabe que no se valorará una propuesta y que otro se adjudicará el mérito, el trabajador deja de poner su creatividad al servicio de los jefes y procura pensar lo mínimo para realizar su cometido. Se pierde motivación. Además, se crean resentimientos entre compañeros y el ambiente de trabajo puede hacerse muy tenso. Este efecto se multiplica cuando son los jefes los que se apropian de ideas de sus subordinados (algo mucho más común de lo que se pudiera pensar). En esos casos, la moral del equipo laboral queda por los suelos y su productividad se reduce de manera drástica.

Tras el robo de la idea poco se puede hacer. Debemos, pues, evitar que esto suceda. Tengamos en cuenta estos consejos, simples pero eficaces:

1.- Vigilemos nuestras conversaciones. Qué decimos y delante de quién lo decimos. No hagamos confidencias laborales de quienes no estemos totalmente seguros. Las amistades 'de oficina' pueden no ser tales y ceder ante la posibilidad de un ascenso o un premio.

2.- Hay que saber dónde se habla y quién puede estar escuchando. Cerca de las puertas, en los lavabos y zonas comunes no se deben tratar los proyectos que se nos ocurren.

3.- Pongamos por escrito nuestras propuestas y hagámoslas circular, con fecha y firma. Constará luego que fuimos nosotros los primeros que pensamos en aquello.

4.- Controlemos nuestro ordenador. Para eso sirven los sistemas de seguridad y las contraseñas. Si abandonas tu asiento, cerciórate de cerrar tus archivos privados. Nunca sabes quién puede pasar por delante de tu mesa.

5.- No dejes papeles comprometedores sobre tu mesa. Es mejor que tengas tus proyectos en casa hasta el momento de presentarlos en público.

6.- Si sospechas que tu jefe puede apropiarse indebidamente de una iniciativa tuya, sé especialmente precavido. Antes de entregarle cualquier propuesta, asegúrate de que tus compañeros saben que vas a hacerlo y también de que tu jefa sabe que tus compañeros los saben. Puede parecer enrevesado, pero es la mejor forma de protegerte. No pongas todos los datos en el escrito; resérvate algo para que no pueda presentar la idea como suya ante otros.

BUSCANDO TALENTOS

¿Dónde están los profesionales del futuro? La respuesta parece simple: formándose en las universidades y escuelas laborales. Es allí, pues, donde hay que ir a buscarlos.

No es solamente en los concursos televisivos donde tiene lugar la búsqueda de talentos. En el mundo laboral también existe este concepto. Pero parece ser que siempre tiene lugar un triste desencuentro entre el profesional que desea un buen empleo sin conseguirlo y el empleo que no encuentra quien lo ocupe dignamente. Los mecanismos para satisfacer a todos son varios: bolsas de empleo, foros diversos, publicidad, conferencias, competiciones. Una de las más eficaces parece ser el acudir a la fuente.

Las empresas son conscientes de que no es fácil conseguir buenos profesionales. Por ello, muchas se acercan a la Universidad para reclutar talentos antes de que lo hagan sus competidores. Sin embargo, el número de contratados directamente en convenios y acuerdos de colaboración con universidades y escuelas de negocios es aún bastante reducido en nuestro país. No así en el mundo anglosajón, donde esta costumbre está más arraigada. Por su parte, muchas universidades tienen servicios de búsqueda de empleos para sus alumnos y la eficacia de estos servicios es muy valorada por los jóvenes a la hora de elegir la universidad en la que desean cursar sus estudios.

Una de las formas de captación de personal más útil son las bolsas de empleo, que existen en la mayoría de las universidades para facilitar la inserción laboral de los alumnos. También están otros foros como las ferias de empleos y las jornadas de puertas abiertas que organizan algunas empresas para contactar con estudiantes a punto de graduarse. Estas jornadas, de dos o tres días de duración, permiten un contacto directo entre los departamentos de RR.HH. de las empresas y sus posibles candidatos. Los convenios entre universidades y empresas son también rentables y una forma adecuada de abrirse camino en el mundo empresarial. Estos convenios incluyen becas para la realización de prácticas profesionales en los últimos años de la carrera. Los contratadores tienen así oportunidad de observar a sus posibles contratados durante un período de tiempo prolongado. Existen también competiciones y concursos organizados por las empresas en los que se simula el trabajo que luego realizarían los estudiantes, caso de ser contratados. Los ganadores consiguen contratos en prácticas.

Todos estos métodos son beneficiosos para las empresas, que tardan menos tiempo en cubrir sus necesidades de personal. Además, están seguras de contar con una fuente segura de reclutamiento a corto y medio plazo. Los costes de captación se reducen, lo que es provechoso para la empresa. Por su parte, el universitario también se beneficia de este sistema, puesto que se le facilita su acercamiento al mundo profesional.

ESTEREOTIPOS DE SEXO EN EL TRABAJO

Hay empleos que tradicionalmente los han desempeñado personas de un sexo concreto. Hoy el mundo ha cambiado pero, ¿ha cambiado lo suficiente?

En términos generales se puede hablar de una profesión tradicionalmente masculina o femenina cuando el 75% de los que la practican pertenecen a ése sexo. Los porcentajes no se equilibran porque a muchas personas se les desanima a que elijan actividades que no solía hacer su sexo. Afortunadamente, ya no es así y hay cada vez más hombres y mujeres que triunfan en actividades que hace tan sólo unos años estaban limitadas a personas del sexo opuesto. No obstante, no todo son buenas noticias y aún existen prejuicios falsos y también algunos problemas reales de cara a una igualdad completa.

Los hombres que eligen empleos considerados 'femeninos' pueden ver en entredicho su masculinidad y quizá tengan que soportar más de una burla de los otros empleados. Por el contrario, las mujeres que eligen actividades 'masculinas' están acostumbradas a que se pongan en duda sus habilidades manuales o su resistencia física.

¿Una división sensata del trabajo?

Algunos de los oficios monopolizados por los hombres hasta hace bien poco se cuentan los de pilotos, cocineros, dentistas, electricistas, fontaneros, bomberos, basureros, maquinistas de tren, mecánicos, camioneros, taxistas y, por supuesto, sacerdotes. Las mujeres, en cambio, parecían tener plenos derechos a los empleos de bibliotecarias, taquilleras, azafatas, esteticistas, enfermeras, recepcionistas y trabajadoras sociales. Todo esto está cambiando con gran rapidez.

Ventajas de los empleos no convencionales

Si trabajas en una actividad tradicionalmente adjudicada al sexo opuesto, no todo son dificultades. Un beneficio directo es tu propia satisfacción: si has elegido esa tarea en contra de la inercia social es porque te gusta y te sentirás bien al desempeñar tu labor y al saber que has vencido a una sociedad represiva. Además, recibirás más atención en lo que hagas y tus logros no pasarán desapercibidos. Lo que realices puede llegar a tener más impacto social. Una directora de cine o una escultora, por ejemplo, atraen más la atención de los medios. Si eres una mujer en un empleo 'masculino' tendrás probablemente mejor sueldo que de otra forma. Si eres hombre, tus posibilidades de ascenso se agilizarán, pues tus jefes pueden considerar inconscientemente tus capacidades de liderazgo.

Inconvenientes

Algunos de los problemas derivados de estas situaciones siguen ahí. Uno de ellos es la falta de protectores, pues no se generan fácilmente las simpatías de los compañeros. Esto puede traducirse en frialdad, hostilidad e incluso en acoso. Otro problema es que el prejuicio exista también en tu vida privada y no tengas el apoyo de tu familia, lo que puede desmotivarte hasta cierto punto. No hay que dejar de la lado el hecho de que los requerimientos físicos pueden pasar factura a las mujeres y también que gran parte de los hombres carecen de la sensibilidad necesaria para ciertas tareas.

SI TE ENTREVISTAN, PREGUNTA TÚ TAMBIÉN

Las compañías valoran a quien se valora. Plantea su entrevista de trabajo en un pie de igualdad.

Buscas trabajo, esperas que te llamen a una entrevista, ensayas tus respuestas y te preparas mentalmente para la ocasión, con la esperanza de salir airoso del trance y conseguir el empleo que deseas. Pero quizá te estás olvidando de algo. Y es que no debes aparecer como un ser pasivo; al contrario: puedes crear una excelente y duradera impresión en la entrevista si formulas algunas preguntas sobre temas concretos. La posibilidad probablemente se te ofrecerá. Al término del encuentro lo habitual es que te inviten a hablar: "¿Tiene alguna pregunta? ¿Quiere decirnos algo especial?" No desaproveches esta oportunidad.

Razones

No se trata únicamente de que conozcas mejor el lugar en el que te metes. Antes de ese momento ya debes haber obtenido información sobre la empresa. La clave consiste en que muchas veces no se lleva el puesto el candidato mejor preparado, sino el más entusiasta. Y una pregunta indica curiosidad, una actitud positivamente inquisitiva, actividad frente a pasividad, etc. Cuanto más te intereses por la empresa más impresión darás que que vas a estar en ella mucho tiempo, de que tu compromiso es real. Esto puede marcar la diferencia, por ejemplo, entre tú y otros cinco candidatos igualmente cualificados.

La mentalidad del jefe

Los entrevistadores esperan siempre preguntas sobre cómo te beneficiarás tú del empleo, preguntas del tipo "¿Qué beneficios tengo?", "¿Cuáles son las posibilidades de ascenso?" y cosas así. Se sienten agradablemente sorprendidos por otras cuestiones en las que se vea tu interés por el beneficio de la empresa. Ellos necesitan a alguien, por eso entrevistan al candidato. Tu técnica argumentativa debe convencerles de que esa persona que necesitan eres tú.

Ejemplos útiles

Si preguntas cuáles son las principales dificultades de la empresa puedes ganar puntos sacando el tema de cómo te enfrentaste en el pasado a una situación similar y cómo la resolviste. Si no preguntas, el entrevistador nunca te dirá qué problemas hay.

Si haces preguntas sobre temas muy específicos de tu área de trabajo hallarás una manera sutil y elegante de demostrar tu especialización y conocimientos sin que parezca que estás presumiendo de ellos en exceso. Cuando te contesten lo harán en un pie de igualdad, la dicotomía entrevistador-superior, entrevistado-inferior habrá desaparecido y obtendrás mayor respeto.

Otro aspecto que siempre resulta conveniente es preguntar directamente si tienen alguna duda sobre tu capacidad o candidatura al puesto. En muchos casos la respuesta puede darte pie a venderte mejor. Si te dicen algo como "Nos parece usted adecuado pero quizá carezca de...", te están dando la oportunidad de convencerles de lo contrario. Si no sale el tema, lo pensarán y no tendrás oportunidad de contradecirles.

Otras preguntas convenientes:

¿Qué esperan ustedes que obtenga en el plazo de seis meses la persona a la que contraten?

¿Qué problema concreto tendría que solucionar?

¿Cómo han desarrollado su actividad los que ocuparon el puesto en el pasado y cuáles fueron sus puntos débiles, a decir de la empresa?

¿Qué habría que hacer de forma diferente?

¿Cuáles son los objetivos de la compañía a corta y largo plazo?

¿Cómo recompensa la compañía a los empleados destacados?

¿Cómo valoran la creatividad y la asunción de riesgos?

¿TIENES BUENAS REFERENCIAS?

Muchas cosas que ignoras sobre tu antiguo empleo pueden perjudicarte.

Si buscas o has buscado trabajo, sabrás que puede ser una experiencia muy desalentadora. Por eso hay que cubrir todos los frentes y uno de los que más frecuentemente olvidamos es el de las referencias. Hemos entregado nuestros currículos, pero no hemos pensado qué pueden haber dicho de nosotros nuestros antiguos patronos. Existe la idea de que las empresas no hacen informes negativos salvo en casos extremos, pero esto no es cierto. La mayoría de las referencias que las empresas facilitan a otras son negativas o indiferentes, lo que va en detrimento nuestro.

Si queremos enfrentarnos con seguridad a las próximas entrevistas de trabajo, tenemos que controlar en lo posible este factor. Hemos de comprobar las referencias por adelantado, conseguir copias de las evaluaciones formales que nos hayan hecho y pedir por adelantado las cartas de recomendación, antes de enviar nuestros currículos. He aquí algunos pasos a seguir para preparar las referencias.

1.- Si pensamos dejar nuestro empleo actual,

conviene ponerse en contacto con el departamento de Recursos Humanos y enterarnos de cuál es la política concreta de la empresa en referencias. Puede que consigas un historial escrito de tu labor antes de abandonar.

2.- Solicita copias de las evaluaciones que te hayan hecho.

3.- Pregúntale directamente a tu jefe si estaría dispuesto a dar buenas referencias tuyas en caso de que le llamasen. Si accede, indaga qué cosas diría en tu favor. Si le ves dudoso, ten cuidado. Si su opinión va a ser negativa, nunca te lo dirá abiertamente, así es que tendrás que aprender a leer los signos y el lenguaje corporal.

4.- Antes de entregar un currículo asegúrate de que los datos de tus jefes (nombres, posiciones, teléfonos, direcciones de correo) están actualizados. No hacerlo es un error muy común y que puede volverse en tu contra.

5.- Mantén relaciones sociales con aquellos de tus superiores que tienen buena opinión de ti. No dejes que te olviden. Como puedes tardar tiempo en necesitar de su apoyo, sigue en contacto con ellos.

6.- Si estás seguro de que se pedirá una opinión a un antiguo jefe y ésta será negativa, es preferible que te adelantes y menciones ese aspecto en la entrevista como uno de tus puntos débiles. Al menos no se podrá cuestionar tu honestidad. También puedes intentar una solución directa, hablando con la persona en cuestión. En gran número de casos, una conversación franca y una demanda de ayuda para el nuevo empleo pueden suavizar una mala opinión.

CUÁNDO DEJAR TU EMPLEO

El trabajo puede ser útil, necesario y digno, pero no es sano. Genera tensión, cansancio e incluso enfermedades. Mejor dejarlo.

No conviene 'quemarse' en la actividad laboral.

Y a veces no hay que esperar a que prescindan de nosotros. ¿Para qué darles una satisfacción a esos sinvergüenzas, verdad?

¿Nunca te has sentido agobiado y harto por completo con tu trabajo? Puede que no quieras seguir haciendo lo que haces. O puede que no te hayas dado cuenta de que lo que podías alcanzar en la empresa en donde estás ya ha llegado a su límite, que ya tu empleo no va a ofrecerte nada, más que sangre, sudor y lágrimas, como dijo Churchill. A lo mejor te ha llegado el momento de irte.

Esto le puede pasar a cualquiera. No existen profesiones 'relajadas'. Las profesiones bonitas y bien remuneradas sólo existen en los culebrones venezolanos. Las de verdad nos desgastan más de lo que quisiéramos.

Es importante distinguir el cansancio natural de una situación laboral asfixiante y aprender a reconocer los indicadores que te dicen que es hora de cambiar de aires e irte a tu casa. Claro que estos signos varían de un individuo a otro, pero hay constantes que nos pueden servir de guía. ¿Sabes cómo diagnosticar este mal?

Los síntomas:

Está la depresión, que puede deberse a causas laborales. Si te has sentido decaído durante meses, con ganas de no apartar los ojos más de diez centímetros de la pared más próxima, piensa si es por un motivo familiar o no. Notarás falta de energía: te costará levantarte por la mañana y durante todo el día notarás un cansancio crónico y ganas de que te den un masare reparador. También habrás perdido toda la motivación de hacer las cosas bien y rápido, si alguna vez la tuviste. Tu productividad se habrá reducido de manera alarmante y el resultado de tu labor empezará a darte igual.

Te darás cuenta de que ha empeorado tu puntualidad y que has aumentado tus ausencias, aunque te puedan parecer justificadas. Estarás resentido en el lugar de trabajo y tendrás pequeñas peloteras con los compañeros por los asuntos más nimios. Tu relación con los jefes se resentirá. El aburrimiento se apoderará de ti.

En lo físico te hallarás cansado y con dificultad para conciliar el sueño. Vivirás en tensión y tendrás grandes dificultades para relajarte. Puede que abuses de excitantes, alcohol o incluso drogas. Si te está pasando todo esto, puede que la cura sea presentar tu dimisión y buscar nuevos horizontes.

www.ingramcontent.com/pod-product-compliance
Lightning Source LLC
Chambersburg PA
CBHW021359210526
45463CB00001B/153